AF392453

CARTOGRAFÍA SOCIAL
teoría y método

ESTRATEGIAS PARA UNA EFICAZ

TRANSFORMACIÓN

COMUNITARIA

JUAN MANUEL DIEZ TETAMANTI

CARTOGRAFÍA SOCIAL
teoría y método

ESTRATEGIAS PARA UNA EFICAZ

TRANSFORMACIÓN

COMUNITARIA

Editorial Biblos

Diez Tetamanti, Juan Manuel
   Cartografía social: teoría y método. Estrategias para una eficaz
transformación comunitaria / Juan Manuel Diez Tetamanti. -
1a. ed. - Ciudad Autónoma de Buenos Aires: Biblos, 2018.
   101 pp.; 23 x 16 cm. (Metodologías)

   ISBN 978-987-691-648-6

   1. Sociedad. I. Título.
   CDD 301.01

Diseño de tapa: *Luciano Tirabassi U.*
Tratamiento de imágenes: *Pablo Castillo*
Armado: *Hernán Díaz*

Esta primera edición se terminó de
imprimir en Imprenta Dorrego,
avenida Dorrego 1102, Buenos Aires,
República Argentina,
en abril de 2018.

Agradecimientos

Nuestros afectos hacen posible toda producción. A ellos agradezco la posibilidad, el incentivo y la mirada crítica sobre este texto. También quiero agradecer encarecidamente a mis compañeros de la cátedra libre de Cartografía Social y del Grupo de Investigación Geografía Acción y Territorio (Gigat) dependiente del Instituto de Investigaciones Geográficas de la Patagonia (Igeopat) de la Universidad Nacional de la Patagonia San Juan Bosco, por estar siempre atentos a nuevas formas y contenidos en la aplicación de la cartografía social.

Los colegas de la Facultad de Trabajo Social de la Universidad Nacional de la Plata, de la Facultade de Arquitetura da Universidade Federal de Pelotas y de la Escuela de Ciencias Geográficas de la Universidad Nacional de Costa Rica merecen un especial agradecimiento, ya que a partir de sus aportes en experiencia y teoría fue posible iniciar la construcción metodológica aquí presentada.

También agradezco a los amigos y amigas que con entusiasmo colaboraron en corregir y generar ideas para mejorar la publicación. Gracias, Bety Escudero, Maga Chanampa, Cristina Massera, Alberto Vázquez, Olga Brunatti, Pablo Castillo, Rosalía Baltar, Alfredo Carballeda, Braulio Segura, Eduardo Rocha, Coni Canali, Yanina Lezano, Luz Castaño, Verónica Vila, Trinidad Guasch, Adelaide Macaba, Mauro Escobar Basavilbaso, Florencia Canestro y Jabulene Joaquim.

Índice

Cartografías sociales: lenguaje y territorio

Alfredo J.M. Carballeda

La creciente complejidad de los actuales escenarios sociales muestra la necesidad de desarrollar más y nuevas formas instrumentales de producción de conocimiento y transformación que aporten diferentes aproximaciones a la comprensión y explicación de lo social, y que también puedan ser útiles para el desarrollo de estrategias orientadas a la intervención en este campo.

En este aspecto, la cartografía social se presenta como un hacer, una práctica, que surge o dialoga de forma estrecha desde y con los interrogantes que generan las diferentes expresiones actuales de la cuestión social, especialmente desde su inscripción en lo territorial, lo que le confiere otras posibilidades de conocer y transformar.

Asimismo, a partir de su capacidad de integrar lo teórico y lo instrumental, tiene la posibilidad de transformarse en un camino que facilite la constitución de un modo de acceso a diferentes maneras de saber donde lo singular, al estar situado en un espacio definido, se expresa tomando la forma de nuevas significaciones. Estas, al ser reconocidas y reinterpretadas, pueden convertirse en otras formas de lenguaje que, tal vez, permitan profundizar, complejizar y poner en cuestión lo aceptado como natural, lo conocido, lo trasmitido, generando un camino de apropiación crítica y resignificación de lo dado.

Por otra parte, esta forma de construcción de conocimiento propone generar, de manera sistemática y organizada desde la relación que se construye entre los actores sociales y el territorio, nuevas maneras de interpelación, mostrando a su vez la capacidad de responder a los interrogantes que surgen de ellas en forma situada. Es decir, a partir de una construcción que se desarrolla en un contexto que le imprime su singular influencia, intentando articular lo espacial con lo histórico-social.

De esta forma, es posible pensar la cartografía social como una metodología que facilita la expresión colectiva e histórica que logra relatarse desde el territorio, desde un orden que surge de este, o sea, de quienes lo habitan, lo construyen y son construidos en él. Logra así proponer una forma de lenguaje que tiene la posibilidad de decir, reflexionar y pasar a la acción desde diferentes perspectivas, visiones y posicionamientos históricos y sociales.

Desde la construcción colectiva de un lenguaje, relata historias donde quizá la veracidad dialoga y hace síntesis con la representación que se hacen de ella quienes la cuentan. Desde esta perspectiva, la cartografía social no busca únicamente la precisión del dato como en un mapa clásico, sino que también tiene posibilidades de acceder al conocimiento del impacto que este tiene en la singularidad de lo histórico y lo colectivo.

Así, la cartografía social tiene la posibilidad de construir un lenguaje que implica también una modalidad de conocer, que facilita la producción de diferentes saberes acerca de aquello que construye nuevas preguntas y de acción apoyada en lo territorial, lo intersubjetivo y las diferentes formas de reciprocidad e intercambio, que pueden llevar a procesos de construcción de identidad y pertenencia. En definitiva, facilitando y generando otras modalidades de sociabilidad, de encuentro, donde los lazos sociales pueden ser construidos desde distintas perspectivas que se resignifican en la práctica. Pero, también, esa forma de construcción de conocimiento implica una nueva y tal vez más profunda modalidad de apropiación colectiva del espacio. Esta se facilita a través de la generación de formas de intervención social que lo atraviesan y pueden transformarlo, inscribiéndose en él de manera simbólica y real. Asimismo, a través de formas de relación heterogéneas que facilitan los procesos de intervención social se hace posible la elaboración de significados generales y subjetivos, fortaleciendo interacciones que pueden aportar más y nuevas formas de definición colectiva de la identidad.

En este aspecto, se hace posible pensar la cartografía social como una intervención que va mucho más allá de la descripción o aproximación a los espacios habitados. Implica, también, una posibilidad de apropiación y transformación de estos, cimentando a su vez formas de comprensión y explicación desde la lógica de quienes los habitan generando acontecimiento, es decir, la reelaboración de esos espacios desde los procesos históricos, políticos y sociales. Aquí, la noción de acontecimiento se construye desde la conjugación de hechos y circunstancias que se hacen singulares en la explicación de aquello que está ocurriendo, y cuyas causas y consecuencias tienen una expresión objetiva y subjetiva relevante.

La cartografía como un modo de intervención en lo social tiene la capacidad de trabajar desde la aplicación de las distintas formas de procesamiento y sistematización de la información que muchas veces, al correrse de la formalidad del dato empírico intentando ir más allá de este, construye otras prioridades y formas de resolución de problemas en espacios de interacción desde lo colectivo.

Así, la cartografía social puede ser entendida como la posibilidad de construcción de una gramática, de un orden del discurso singular, de un lenguaje territorial, donde los que participan pueden elaborar desde lo heterogéneo visiones compartidas, pautando diferentes prioridades, jerarquías o inquietudes en las que se visibilizarían temas, problemas o cuestiones que interpelan la cotidianidad y la atribución de sentidos en esa esfera y tal vez pudiendo, a la vez, lograr articular lo macrosocial y lo microsocial en la singularidad del territorio.

Por otra parte, esta modalidad de intervención puede hacer perceptible aquello que pasa desapercibido y que a veces, por cotidiano y repetitivo, desaparece de la inscripción subjetiva, sencillamente a partir de la ubicación y reinscripción en el espacio de diferentes miradas que se complementan y muestran la capacidad de potenciarse. Se reafirma así la posibilidad de hacer ver, de ver con otros, desde otros a partir de la propia singularidad.

El manejo del lenguaje gráfico y el sentido colectivo del ejercicio cartográfico permiten complementar nociones y construir encuentros frente a una realidad vivida y una realidad deseada. Desde la cartografía social se facilita la posibilidad de pensar que los espacios sociales, los lugares no son estáticos, están en permanente proceso de construcción y deconstrucción objetiva y subjetiva. El hecho de que sean narrados, visibilizados e interpretados los hace inestables, con un movimiento permanente que requiere muchas veces ser asimilados y estudiados en forma de procesos históricos y sociales, y no solo analizando la visión suspendida de estos.

Lo territorial, al inscribirse en los imaginarios sociales, les da forma y sentido para introducirse en la subjetividad de quienes los habitan o los visibilizan desde diferentes perspectivas y estrategias de comprensión de la realidad social. En el proceso de construcción de cartografías también se hace posible develar las significaciones a través de las disímiles interacciones producidas durante este. De ahí surge la necesidad de herramientas de conocimiento e intervención social que se adecuen a esas características, que logren construir y descubrir diferentes formas de intersección entre lo imaginario, lo real, la construcción de subjetividad y la visión de lo Otro, donde lo territorial implica la suma y construcción de un sentido como un conjunto de significados vinculados a un lugar y cuya definición es validada por una comunidad.

Si los territorios son una construcción social que se define y redefine continuamente a partir de las significaciones y los usos que sus pobladores construyen cotidianamente a partir de historias comunes, usos y sentidos, la cartografía social se presenta como una forma de acceso a esa serie de cuestiones. En otras palabras, como un instrumento que tal vez permita conocer a través no solo de la descripción de las partes de un todo definido como territorio, sino a partir de las formas de interacción, las relaciones y reciprocidades entre los componentes de este.

Hacer mapas en forma colectiva y orientada a objetivos definidos es una forma de dibujar, de reinterpretar y develar lo real desde lo simple para ir creando un campo de relaciones e intenciones cada vez más complejo que se traduce en la construcción de consensos y disensos para proyectar en conjunto.

Desde una perspectiva cartográfica, no se trataría entonces solo de describir lo que surge como más significativo, sino que, además de hacerlo, surge la posibilidad de análisis de las relaciones entre los diferentes componentes, que en el proceso de puesta en escena de este instrumento de intervención se muestran como significativos. Es decir, trabajando desde el reconocimiento de la movilidad permanente de los elementos que componen aquello que se pretende conocer y transformar, para poder visibilizar en forma sistemática y profunda las diferentes formas de relación, unión, similitudes, diferencias e intensidades entre los disímiles y heterogéneos componentes que constituyeron, construyen y se presentan en perspectiva futura dentro de un espacio territorial.

Esta posibilidad de movimiento también puede ser pensada como una manera de explicación o aproximación a las múltiples causalidades de las circunstancias que les den forma, tendencias y sentido.

La cartografía social pensada como una forma de gramática tiene posibilidades de aportar al conocimiento de la complejidad de los territorios de intervención en lo social y generar desde allí una estructura con capacidad de organizar desde distintas perspectivas la complejidad de los escenarios sociales actuales y la puesta en escena de estos desde la configuración, complejidad y perspectiva que les otorgan los actores que los habitan.

De este modo los mapas, como producción colectiva, se inscriben como algo más que reflejos estáticos de una realidad sino como la expresión de un mundo construido desde lo social, lo cultural, lo simbólico, lo histórico y lo político.

Este libro nos habla de la posibilidad de construir desde las cartografías sociales múltiples formas de aproximación metodológica y conceptual a lo territorial. Profundiza diferentes aspectos del tema que van desde necesarias reflexiones teóricas hasta los aspectos prácticos de la aplicación de estas. Tomando el aporte de distintos autores, logra construir un camino de acceso y profundización del tema. A su vez, provee de una serie de elementos necesarios para construir diálogos aun más intensos entre las cartografías sociales y la universidad.

1. Cartógrafos somos todos

Hoy, en ciencias sociales, las palabras *mapa* y *cartografía* son utilizadas frecuentemente como metáfora o analogía ante variadas formas de producción o representación. Hace algunos años, explorando las experiencias de cartografía social, me encontré con un campo de trabajo que más tarde modificó mis prácticas de investigación, intervención y análisis.

Como muchas de las cosas que nos apasionan, comencé a realizar talleres sobre el tema, con muy poco conocimiento pero con un gran deseo de explorar y aprender. Ese nuevo campo de trabajo fue abordado con muchísimo entusiasmo, no solo mío como docente e investigador, sino de todos aquellos que participaban de los talleres.

Muchas veces me pregunté por qué la cartografía social suscita tanta simpatía y curiosidad, tanto entre mis colegas como entre los cartógrafos sociales[1] que participaban de los talleres, o incluso en cualquiera que se acerque al tema. Es una pregunta para la cual no tengo una respuesta clara, aunque con certeza dos cosas que hacemos en cartografía social entusiasman mucho: jugar y producir.

Ese entusiasmo de jugar y producir se combina con otro ingrediente fundamental: el trabajo colectivo. Producir jugando y de manera colectiva nos lleva inevitablemente a un evento que probablemente asociemos de inmediato con la infancia, la diversión y la libertad para crear.

1. Cartógrafos sociales son todos aquellos sujetos que participan en el proceso productivo del mapa.

Así, los talleres de cartografía social son exitosos en sí mismos, como evento, como momento de encuentro y de compartir. De ahí que muchas de las organizaciones sociales con las que hemos trabajado han realizado talleres no con un propósito académico estricto para intervenir, sino como una simple excusa para dialogar, pensar diversos temas y reunirse.

La producción de mapas sociales en cartografía es siempre un evento único e irrepetible. Es, además, un evento colectivo en el cual el arte de dibujar, de trazar un territorio consensuado, se resuelve en un intercambio de conocimientos intertextual que excede lo gráfico.

Cada vez que iniciamos un taller de cartografía social se enlazan dos mecanismos: uno de representación y otro de reproducción (en el cual ingresan las concepciones de mapa, correcto/incorrecto, norte/sur, entre otras oposiciones), que tenderán a copiar y traducir las ideas aprehendidas y más naturalizadas sobre cartografía, que traemos como conocimiento preteórico. El otro mecanismo es creativo y productivo, en el que el juego, el diálogo y la libertad de acción serán ingredientes fundamentales.

Por esto, y antes de continuar, tenemos que tener bien presente que la cartografía social es un acontecimiento de representación, deconstrucción y producción, por momentos complementarios y por otros en conflicto, cuestiones sobre las que ahondaremos más adelante.

Finalmente, y quizá sea una de las virtudes de la que todos los cartógrafos sociales dan cuenta luego de producir mapas sociales, en el propio proceso de producción cartográfica colectiva todos acabamos con mayor conocimiento del territorio en el que vivimos.

En los próximos capítulos haremos un recorrido por el método cartográfico, su aproximación con la práctica de cartografía social y diversas formas de producir talleres, dispositivos de intervención e investigación a tener en cuenta al momento de sistematizar y analizar los resultados.

2. Cuándo conocí al primer cartógrafo social

Mayo de 2002. Faltaba muy poco para que me graduase como profesor en Geografía. Como en la actualidad, entonces también era común que pocos años antes de graduarse los estudiantes dictaran clases en las escuelas primarias y medias como suplentes. En esos momentos tenía trabajo en unas cinco escuelas de Mar del Plata y otras localidades cercanas; iba y venía en ómnibus, a dedo o caminando. Una de las escuelas estaba ubicada en lo que en ese entonces era casi la periferia de Mar del Plata, en El Martillo, un barrio tradicional de la ciudad que alguna vez fue poblado principalmente por obreros de la pesca y la construcción. Dar clases allí era siempre un desafío. En primer lugar, porque cada vez que llegaba me obligaba a preguntarme qué hacer frente a los estudiantes, en medio de una de las peores crisis económicas de la Argentina, cuando además de los problemas edilicios, gremiales y de todo tipo los alumnos de ese séptimo grado permanecían largos períodos inquietos, prestando muy poca atención a lo que yo creía que era una clase de Geografía. Ollas populares, cortes de ruta, ferias del trueque, permanentes paros y protestas sociales enmarcaban al espacio escolar como un lugar de resistencia.

En una de las clases de séptimo grado teníamos que tratar el tema de hidrografía. En el pizarrón se desplegaba un mapa desgajado, seguramente impreso en la década de 1960. Los estudiantes prestaban atención a ese mapa que colgaba de un clavo torcido, atentos más a la novedad que implicaba la vejez del material expuesto que al contenido.

Mientras intentaba explicar las diferencias entre ríos, arroyos, canales, lagunas y lagos, uno de los estudiantes preguntó:

–¿Y por qué el mapa tiene el dibujo que tiene?

–Porque es una representación de las formas que tiene el planeta, los continentes, los mares... Eso que vemos ahí es un dibujo más pequeño de las formas que tienen en la realidad –respondí.

–¿Y cómo sabe que es así? ¿Por qué es así y no tiene otra forma? –volvió preguntar el mismo alumno.

–Bueno, porque así se puede ver con las diferentes tecnologías que usan los cartógrafos, por ejemplo, en la actualidad cuentan con las imágenes que toman los satélites.

–¿Pero usted lo vio? ¿Y si es de otra forma? Yo, si tengo que dibujar acá el barrio, lo hago como lo veo yo, no como me dicen que lo vea.

Un silencio con risas escondidas plagó al aula de duda. El estudiante había cuestionado ese mapa casi ancestral que colgaba, mis pobres argumentos y todos los siglos de historia cartográfica que pesaban sobre la currícula escolar.

El cuestionamiento quedó en mi memoria para siempre. Años más tarde descubriría que en algunos países de Latinoamérica ya se estaba trabajando con otras cartografías. Algunos textos aislados y guías de trabajo llamaban a eso *cartografía social*, *mapeo social* o *cartografía subversiva*.

El modo de pensar otros mapas en conjunto con adolescentes me apasionó. Así fue como comencé a realizar talleres de *cartografía social* en diferentes escuelas e instituciones. Surgían así frente a mis ojos otros mapas, diferentes; con otras formas, desobedientes y simpáticos. Mapas que hablaban de otras cosas y hacían hablar a quienes los producían.

"Yo, si tengo que dibujar acá el barrio, lo hago como lo veo yo, no como me dicen que lo vea" se transformó, así, en este libro.

3. Encontrar el lugar, encontrándonos

*Prefiero vivir en un sitio y tomar parte
de verdad en la vida de ese sitio, que ver
por encima nuevas cosas desconocidas.*

Ernest Hemingway

Cuando viajamos por tierra, al llegar a un pueblo desconocido y buscando un lugar, una estación de servicio, un hotel o algún sitio donde comer o descansar, nos animamos a acercarnos a alguien del lugar para preguntar, por ejemplo: "Disculpe, ¿sabe dónde hay un restaurante para comer algo?".

Seguramente nos habrá sucedido que al detenernos frente a un grupo de personas que aparentemente son del lugar y consultar por la ubicación de "algo" se genera una pequeña discusión: algunos intentan generar el argumento que nos ayudará a guiarnos entre objetos, referencias, sensaciones y directrices de ese mundo que no nos pertenece.

–¿Para comer algo? ¿Un restaurante, a esta hora? ¡Está todo cerrado! ¡Pero lo del Vasco está abierto!

–Se queda hasta las cinco –agrega otro transeúnte.

–¡Ah, sí, lo del Vasco! Cómo te explico para llegar… A ver… esperá.

En este momento de debate se genera un verdadero esfuerzo por traducir al foráneo aquellas indicaciones eficaces que posean la mayor síntesis posible del entramado espacial del lugar, agregando todos aquellos elementos que colaboren como guías.

–Mirá, ¿te ubicás con Casa Tía?

–No… es que no soy de acá, no conozco.

–Uh, bueno, pará…

Todas las referencias locales compartidas y familiarizadas se reducen al mínimo. Un estrecho paquete de indicaciones quedarán en nuestra caja de herramientas para llevar adelante el desafío de indicar guiando.

–Bueno, mirá –y la persona que responde señala para adelante mientras piensa–. Vas a tener que seguir de acá derecho una, dos, tres, ocho, nueve cuadras, y vas a ver un tinglado grande pintado de amarillo que dice "Somisa". Bueno, ahí no te vas a confundir porque es muy grande. Doblás a la derecha por una calle muy ancha. Después vas a llegar a un semáforo; bueno, ese no; en el segundo semáforo doblás a la izquierda y te metés hasta que se termina la calle… que son como veinte cuadras. Pero no le podés errar porque es todo derecho. Ahí vas a toparte con un negocio grande de repuestos de Ford; bueno, es media cuadra doblando a la izquierda, un restaurante grande a mano derecha. "El Vasco", dice, lo vas a ver porque es grande el cartel… Y si no preguntás ahí que todos lo conocen.

Un verdadero sistema de coordenadas se pone en marcha en nosotros para comprender y memorizar todos esos elementos, mientras de inmediato llega el resumen como refuerzo:

–Es fácil: nueve cuadras y en Somisa a la derecha; en el segundo semáforo a la izquierda hasta que termina y ahí a la izquierda de nuevo media cuadra, mano derecha.

–¡Gracias! Entendí… le meto derecho ahora hasta Somisa, si no pregunto de nuevo. ¡Gracias!

A partir de esta consulta es posible que debamos realizar otras a distintos transeúntes, pero al mismo tiempo el lugar se transforma y acomoda a un nuevo espacio experimentado y compartido. Es un espacio creado por el diálogo y experimentado por el transitar. Un lugar nuevo que tiene experiencias compartidas solidarias que nos amigan con el lugar, lo hacen un poco más conocido y nos introducen en un mundo con objetos que hablan de ese lugar. Somisa, una siderúrgica que conocemos los argentinos; semáforos, casas de repuestos de autos y vascos que tienen restaurantes abiertos hasta tarde.

Las explicaciones varían de acuerdo con los interlocutores, quienes participan de la discusión y la producción de ese argumento para el arribo. Un entramado de caminos, calles, edificios, árboles, negocios y símbolos nos dan cuenta de dónde estamos.

Algunas explicaciones entre habitantes de la misma localidad pueden incluir referencias incomprensibles para el nuevo habitante:

–Che, ¿venís al asado el jueves en mi casa?

–¡Sí! Me encantaría, ¿dónde es tu casa?

–¿Viste el Corralón Municipal?

–Sí.

–Bueno, viste que atrás está lo de Heredia, ese depósito grande que tiene.

–Sí.

–Bueno, ahí a media cuadra, vas a ver un Renault Fuego en la puerta estacionado, que es el auto de mi cuñado, el Ruso.

–¡Ah, claro, sí; lo del Ruso!

–Bueno, enfrente es mi casa, te vas a dar cuenta… ¡Al lado de lo del Loco Ibáñez!

–¡Ah, sí! ¡Conozco!

–¡Dale, venite que vamos todos los del grupo!

Personajes más o menos públicos constituyen así un sistema de referencias que conforman un mapeo completo y sensible del lugar. Una serie de sujetos hacen de referencia exacta para producir una indicación a la cual solo quienes "conocen" podrán acceder. Se crea así un modelo difícilmente sistematizable, pero altamente efectivo.

En los últimos años, con el auge de los GPS (sistema de posicionamiento global) tanto en los vehículos particulares como en taxis y *smartphones*, las consultas entre viajantes y lugareños han disminuido. Hace poco, durante una conversación en la universidad, comentábamos que ya casi no bajamos la ventanilla del auto para preguntar, ni paramos a alguien en la calle para consultar cómo llegar a algún sitio.

Muchos eventos, fiestas, cumpleaños y casamientos indican su ubicación en una gélida línea de números y letras. Indica la tarjeta de invitación de un casamiento:

Para quienes vayan en auto, les pasamos las coordenadas de la iglesia y el salón: iglesia San Julián de Somió, 43º 32'

7,21" N 5º 37' 24,06 O. Finca La Isla 43° 31' 28" N 5° 36' 55"
O. Y a no llegar tarde que ya no hay excusa para perderse.

Las líneas de coordenadas hoy son reemplazadas por un enlace
mucho más corto, de once dígitos –denominado "código plus", que
posee una estructura como esta: *849VCWC8+R9–*, que permite ser
compartido a través de mensajería instantánea y otros formatos
digitales de comunicación.

Así, una máquina ejecuta un "849VCWC8+R9" que nos informa
cómo llegar a partir de los clásicos enunciados del GPS en caste-
llano.

> A 250 metros, gire a la derecha, y después gire a la iz-
> quierda por General Jorge Pérez Álvarez de Gomara.
> Su destino está a la izquierda.
> Ha llegado a su destino.

Los reducidos enunciados euclidianos restringen las indicaciones a la topología y estructura formal y consensuada del mapeo
GPS guardado en la micromemoria del aparato electrónico. Una
sensación de seguridad y exactitud cubre el recorrido del viajante,
quien atraviesa extensos territorios sin reparar absolutamente
en nada.

Un dibujo de cuadrículas, líneas rojas, naranjas, cuadrados e
indicaciones de hoteles, estaciones de servicio y restaurantes reem-
plaza la charla en esa esquina con los lugareños que se esfuerzan
en abrir el vientre de la ciudad para nosotros.

Además de eso, en algunos sitios el aparato nos dirá: "¡Atención!
Se está acercando a una zona peligrosa" mientras atravesamos
algunos barrios estigmatizados por el aparato. Entonces cerra-
mos aún más las ventanillas para alejarnos de ese espacio social
desconocido y consensuadamente peligroso.

Será mejor que el GPS responda bien, y que en ese momento
no se desactiven los satélites que lo guían, de modo que podamos
proseguir con seguridad en ese océano de cómodos consensos.

Más allá de las grandes discusiones que podamos tener al respecto entre quienes usan o no GPS y quienes preferimos bajar la
ventanilla o bajarnos a conversar para aprender y conocer, en los

mecanismos de diálogo que comentamos podemos encontrar las líneas básicas de producción en cartografía social.

Del mismo modo, cuando nos detenemos ante un habitante del "lugar" al que arribamos para preguntarle dónde es tal o cual lugar se produce el evento de producción colectivo del mapa social:

–¿Viste lo del Vasco?

–Sí, ahí en el restaurante.

–Bueno, al lado está el tornero de Somisa que se quedó sin laburo.

–¡Ah, no me digas! Y pensar que paso todos los días por ahí. Qué bueno, ahora en estos días me doy una vuelta y veo si charlamos un rato. En el taller de Jorge andan necesitando tornero y no encontramos por ninguna parte.

–¡Qué bueno! Pasate que le va a venir al pelo, anda tirado y sin un mango. Es macanudazo.

Los procesos cognitivos que se ponen en marcha al "hablar del lugar" disparan una serie de procedimientos que sistematizan información compleja,[1] la ordenan y colocan en función de múltiples elementos. Hablar y debatir sobre "el lugar" es un ejercicio altamente enriquecedor. Producir colectivamente ese lugar mientras conversamos es una tarea fascinante. De eso se trata la cartografía social.

---

1. Para estudios específicos sobre efectos de entrenamiento en la orientación en el hipocampo y capacidades para orientarse, memoria y aprendizaje sin utilizar GPS, véase Woollett y Maguiret (2011) y Konishi y Bohbot (2013).

4. Anclas teóricas y cabos desatados

Mapa, representación y objetividad

En relación con los intentos de incorporar la deconstrucción derridiana a la geografía y en especial a la práctica de la cartografía, la obra de John Brian Harley constituye un aporte indispensable para pensar el mapa como instrumento de regulación, poder y construcción hegemónica de la representación.

Para Harley (2005: 188), "los mapas científicos son producto no solo de las «reglas del orden de la geometría y la razón», sino también de las «normas y los valores del orden y la tradición social»". Continúa diciendo que "lo más notable es la creencia en el progreso, es decir que mediante la aplicación de la ciencia se pueden producir representaciones de la realidad cada vez más precisas. Los métodos de la cartografía han dado como resultado un conocimiento verdadero, probable, progresivo o muy confirmado". Este sometimiento mimético ha llevado a una tendencia no solo a menospreciar los mapas del pasado (descartándolos con una actitud científica chovinista), sino también a considerar los mapas de las primeras culturas o de las no occidentales (en los cuales las reglas para relevar los territorios considerados eran diferentes) inferiores a los europeos. En este sentido, aunque ya exista una creciente bibliografía sobre el tema y algunos artículos científicos sobre cartografía social publicados en reconocidas revistas, aún podemos encontrar una marcada dificultad para introducir a la cartografía social como parte del método científico o como argumento metodológico en cualquiera de nuestras intervenciones, y proporcionalmente más si nos acercamos a objetivos académicos vinculados a las estructuras universitarias o científicas.

Jamás los mapas han estado tan desprovistos de la textura social (que pretenden representar) como hoy, a partir del uso intensivo de los sistemas satelitales y las tecnologías digitales. Así se comparten en tiempo real horarios, recorridos, situaciones de tráfico automotor, accidentes en ruta, etc., con un alto grado se estandarización, que aplica el dato al servicio de la eficacia en el desplazamiento. El territorio, como nunca antes, ha sido estandarizado, homogeneizado y sometido al imperio de la cibercartografía. Tal como nos señala Harley, se ha iniciado un exhaustivo proceso de vigilancia cartográfica que defiende la "ética de la precisión" con cierto fervor ideológico. Allí emerge un lenguaje de la exclusión, que no es otra cosa que el de una serie de contrarios "naturales": falso y verdadero, objetivo y subjetivo, literal y simbólico, etc. Los mejores mapas son los que tienen una imagen acreditada de objetividad evidente. Es así por lo cual nos encontraremos con las categorías de mapas buenos y mapas malos, y que se destaca aquel en que los procesos miméticos y la exactitud en la representación gráfica aparenten tener menor incidencia de la subjetividad.

La cartografía tradicional ha trazado un lenguaje de modo que el signo cartográfico, como signo, es regla, y la regla es, a partir del modo de producción del saber hegemónico que tiene el mapa, también hegemónica y reproductiva. A quienes tienen fuerza en el mundo se les agrega la fuerza del mapa. Mediante los trucos del oficio cartográfico (tamaño de los símbolos, grosor de la línea, altura de las letras, efectos y sombreados, adición de color) podemos rastrear esta tendencia enfática en innumerables mapas europeos. Los mapas, al igual que el arte, se vuelven un mecanismo "para definir las relaciones, sostener las reglas y reforzar los valores sociales" (Harley, 2005: 195).

Es así como regulación, poder y construcción hegemónica de la representación son ingredientes casi insoslayables para la cartografía tradicional. Estos ingredientes actúan en la práctica de los cartógrafos sociales propiciando una mímesis, es decir, un modelo de imitación con características técnicas sofisticadas solo comprensibles para algunos.

Mapa, poder y texto

La cartografía siempre forma parte de un discurso, de una administración del saber, de una política del saber, y en muchos casos, como parte de su naturaleza, representa a instrumentos de dominación que responden a un saber y un poder determinados (Foucault, 1979). Detrás de cada mapa hay un sujeto institucionalizado que se encarga del diseño y una institución (agencias militares, académicas, de gobierno) que clasifica, selecciona y estandariza la información que se incluirá y aquella que no. Ese sujeto cartógrafo es siempre un sujeto social, inmerso en intereses políticos que configuran la realidad social de su tiempo; su conocimiento no es neutro ni imparcial, está incluido en las tramas del poder, y su conocimiento es instrumentalizado por aquel.

El mapa es un territorio de poder donde la representación es supuestamente a escala de una realidad indiscutible y objetiva. Esta realidad trazó los mapas desde las más antiguas instituciones de poder: la Iglesia, los imperios, los reinos; hasta los más modernos sistemas de información geográfica sincronizados en internet, como Google Earth o Bing.

Para Harley (2005: 203), "el mapa se vuelve un «territorio jurídico»: facilita la medición del terreno y su control [...] Es un poder externo, con frecuencia centralizado y ejercido de manera burocrática, impuesto desde arriba y manifiesto en actos específicos o en fases de política deliberada". Así, quien posea, maneje y distribuya la información acerca de dónde están ubicados los objetos dispone de gran parte de las herramientas para comandarlos. De este modo la cartografía genera un texto con extraordinario grado de legitimidad, reproduciendo discursos que casi no permiten discusión en cuanto a su verosimilitud. Ante esto, Harley relata que "la molestia entre los cartógrafos más importantes [de Estados Unidos] después de la admisión rusa de haber falsificado sus mapas topográficos para confundir al enemigo nos da una idea de cómo se juega siguiendo estas reglas. ¿Qué podemos hacer ante los encabezados de los periódicos en 1988 que decían: «Se atrapa a los rusos haciendo mapas» (*Wisconsin Journal*) o «En Occidente, los topógrafos aclaman la verdad» y «Un geógrafo del Departamento de Defensa dijo que finalmente los bandidos se dieron cuenta de la verdad y pudieron decirla» (ambos en *The New York Times*)?" (192).

El comentario de Harley hace alusión a la íntima relación entre verdad, realidad y mapa como entidades casi indisolubles. El mapa es un texto que opera desde la oscuridad de su propio proceso de producción. Pocos conocen cómo "se hace", sus instrumentos de medición, creación de coordenadas, etc. Muchísimo menos sabemos vulgarmente sobre las complejas operaciones realizadas en los mapeos por computadoras. Así, el mapa transfiere una verdad indiscutida, por la cual socialmente adquiere su credibilidad representando la realidad.[1] El ícono en el mapa, signo convencional y arbitrario, pocas veces es puesto en duda en este contexto. El signo es, así, representación de la verdad que impone el mapa. Una verdad donde la economía de su utilización y los tamaños son arbitrariamente dispuestos por el sujeto cartógrafo y la institución que avala el mapa. Signo y verdad comulgados en el mapa representan "lo que hay", "cómo es"; sin debate aunque con retórica, reproduciendo las jerarquías sociales, políticas y económicas con autoridad sobre el territorio.[2]

La reproducción en serie y la homogenización de objetos es de elemental necesidad en un mapa, de modo que este pueda establecer comparaciones, diferencias y límites.

Giorgio Agamben (2014: 57) hace un análisis del agrimensor de la novela *El castillo* de Franz Kafka. La necesidad de construir límites y líneas rectas que dividan se debate internamente:

> Lo que le interesa al agrimensor es el límite que los divide y que los une, lo que desea abolir o, mejor, hacer inoperante. Pues por dónde pasa materialmente ese límite nadie parece saberlo, tal vez él en la realidad no exista, pero pasa, así como una puerta invisible, por dentro de todos los hombres.

---

1. Lo mismo ocurre con una simple imagen satelital de los servicios web más reconocidos que también es utilizada como fiel representación de la realidad, cuando sobran los ejemplos de modificaciones y "retoques" que son efectuados para "ocultar" elementos.

2. Para Harley (2005: 63), "la retórica cubre todas las capas del mapa. Los mapas nunca son neutrales o sin valor, ni siquiera completamente científicos".

Desde una perspectiva similar Alfredo Carballeda (2014b: 38) habla de los límites y bordes:

> El territorio se transforma en un "lugar" delimitado desde lo real, lo imaginario y lo simbólico. Esa delimitación marca los bordes que encierran al territorio en sí mismo pero, como tales, esas orillas están en constante movimiento y se construyen dentro del territorio mismo. Los límites del territorio tienen un importante componente subjetivo ya que son en definitiva inscripciones de la cultura, la historia y se entrelazan estrechamente con la biografía de cada habitante de la ciudad. Allí, en los límites, es donde comienza a construirse la relación entre territorio e identidad en la esfera de cada sujeto.
>
> Es en esas líneas que nunca vimos más allá de mapas y planos desde donde podemos empezar a cuestionar "verdad" y "autoridad" en el mapa que representa la "realidad", para permitirnos comenzar a trazar otras líneas. Líneas de fuga, ¿por qué no? Quizá líneas que nos permitan nuevas convenciones, verdades y realidades alternativas.

Volviendo a Harley (2005: 204):

> Clasificar el mundo es apropiarse de él de tal manera que todos estos procesos técnicos representan actos de control sobre sus imágenes, que se extiende más allá de los supuestos usos de la cartografía. Se disciplina al mundo. Se normaliza al mundo. Somos prisioneros en su matriz espacial.

Salir de la matriz se hace indispensable.

Mapa-texto

El mapa es texto. Como texto, el mapa tradicional es monologal. La propia construcción del mapa emplea un sistema de convenciones de signos. El cartógrafo es un productor de *textos*,[3]

---

3. En *La nueva naturaleza de los mapas*, Harley (2005: 62) enfatiza que "los mapas son textos en el mismo sentido en el que lo son otros sistemas de signos, como los cuadros,

un escritor que imprime su singularidad, su ideología, su sistema
de jerarquías en el mapa. En su monólogo, el cartógrafo acepta
sumisamente las convenciones previas de la matemática y la to-
pografía que le permiten representar miméticamente al mundo
"real". Harley (2005: 197), basándose en las ideas de Jacques Derrida, asegura que el mapa es "el tipo de signos que presentan una
apariencia engañosa de naturalidad y apariencia que ocultan un
mecanismo de representación opaco, distorsionado y arbitrario".
A partir de este engaño, el cartógrafo niega las relaciones sociales
que invaden la tecnología y su aplicación. En este sentido, en los
textos sobre nuevas tecnologías de la información geográfica podemos encontrar varios ejemplos del engaño sobre el telón de la
objetividad y la realidad. Así, por ejemplo, el geógrafo argentino
Gustavo Buzai (2011: 1) enfatiza en la realidad preexistente de
modo permanente para justificar el "paradigma geotecnológico":

> Considero que existe una realidad objetiva a la cual de-
> beríamos aproximarnos lo mejor posible y, en este punto, nos
> encontramos con dos grandes limitaciones: la imposibilidad
> de captar la realidad en su totalidad y la de proporcionar
> verdades definitivas.

Nos preguntamos, entonces, qué posibilidades hay en esa realidad objetiva preexistente de interferir para su transformación.
El texto, así, no es otra cosa que el monólogo de una única verdad,
donde la discusión solo tiene lugar en la cuestión técnica y metodológica del "hacer" para "representar". Casi como en la búsqueda
de la verdad de Dios, el mapa, más que la ley, se solidifica en su
representación de la "verdad real definitiva".

Desde la deconstrucción, lejos de intentar complejizar y hacer
inentendible para argumentar cualquiera de nuestros intereses,
intentaremos evidenciar la inestabilidad de argumentos sobre
una "verdad". Al leer el texto-mapa es importante que podamos
revelar cómo fue construido. No se trata de romper el texto, sino
de ver el esqueleto de intenciones, omisiones, énfasis, subjetividades y redes de dispositivos que conforman un texto de poder. El

---

las impresiones, el teatro, el cine, la música [...] los mapas son un lenguaje gráfico que
se debe decodificar".

mapa, en su monólogo y debido a nuestro convencimiento sobre su irrefutabilidad y el carácter complejo de su construcción técnica, deja exhausta a la posibilidad de crítica y duda. La imagen 1 nos invita a pensar en esa superposición aparentemente invisible que contiene todo mapa y la presencia de uno o más sujetos que imprimen sus singularidades en él.

1. Rizoma. Fernanda Tomiello, 2014.

Harley nos invita a deconstruir el mapa y aceptar que puede haber una intertextualidad. Si podemos aceptar la intertextualidad en el mapa, también podemos empezar a leer los mapas junto con discursos alternativos y, en ocasiones, contrarios.

En este sentido, en "Cartografías del dolor" Carballeda (2014b: 37) hace un recorrido desde los mapas oficiales hacia otros mapas alternativos, donde el territorio es texto:

> En el campo de la intervención conviven dos formas de definir y delimitar los territorios. La primera se expresa en mapas oficiales, catastros, áreas programáticas, nomenclaturas. La segunda forma de construcción del territorio y sus márgenes es desde las propias simbolizaciones de sus

habitantes. El territorio y el escenario de intervención son definidos en parte desde la palabra, desde lo discursivo, desde la nominación que ese "otro" hace del lugar y sus componentes. En esa definición también se introduce el paisaje y sus significaciones como elementos extradiscursivos. De este modo la mirada, junto con la palabra, ratifica la pertenencia, promueve asociaciones y formas del lenguaje donde el territorio "habla" para convertirse en texto.

En un mundo donde las corporaciones informáticas, mucho más que los propios Estados, son las encargadas de diseñar el dibujo "correcto", en un contexto de banalización de la democracia y las categorías donde todo es identificado icónicamente en cinco o seis jerarquías (como sucede en las redes sociales), aceptar el mapa como el texto que representa la realidad a escala es un acto más de sumisión.

Iniciar líneas de fuga sobre el texto del mapa nos permite trazar un nuevo acontecimiento. Este acontecimiento es siempre en la simultaneidad de heterogeneidades, y no en la homogenización. Acontecimiento en el intercambio de experiencias, y no en la invocación de una realidad única. Acontecimiento como devenir, en términos deleuzeanos, donde el mapa se transforma en un espacio para la intertextualidad, la discusión, la duda y, por sobre todo, la creación de una alternativa.

Rizoma, método y cartografía

El mapa es un rizoma. Cuando decimos que el mapa es un rizoma estamos indicando que puede leerse comenzando por cualquiera de los puntos, las líneas y los planos que lo componen, así como muchos otros procesos cotidianos. En el rizoma no hay punto central. Cualquier línea es posible de transitar y unir a través de otra línea. La guía es modificable, la ruta también. No hay centro, sino multiplicidad. En este sentido, tomamos la idea de rizoma de Gilles Deleuze y Felix Guattari (1995), quienes adoptan la imagen de un rizoma botánico para hablar de las multiplicidades.

El mapa social producido mediante cartografía social es múltiple tanto en su génesis como en su proceso productivo y sus posibles análisis.

En primer lugar, es múltiple porque es colectivo. Lo colectivo converge en el diálogo de dos o más sujetos que deben acordar o disentir en el camino de la producción de un objeto: el mapa. A su vez, el carácter genético del mapa social, producido mediante cartografía social, carece de puntos centrales o jerarquías, por lo que la idea de multiplicidad se pone en práctica a través del diálogo y la obra como instancia primordial para la creación.

Estas características, y las que comentaremos brevemente a continuación, son parte del método que utilizamos para cartografía social, para el cual tomamos prestado los avances que han desarrollado los colegas brasileños Eduardo Passos, Virgínia Kastrup y Silvia Tedesco (2014).

En este sentido, vale rescatar que el *método cartográfico* es parte teórico-metodológica básica para el abordaje de los talleres y trabajos en cartografía social que implementamos y describimos en este libro, la que se ha gestado metodológicamente en conjunto con los colegas de la Universidade Federal de Pelotas (Rocha, 2014) y que hemos bautizado como *cartografía social gaúcha*. Así, el camino se diferencia de otros enfoques como el de los iconoclasistas[4] o la escuela colombiana (Colombia y García Barón, 2002; Montoya Arango, 2007) o la amazónica (Nova Cartografía Social da Amazônia), principalmente enfocados a generar textos cartográficos colectivos para la resolución de conflictos, abordajes pedagógicos, producción de información local o bien adición de objetos geográficos a mapeos locales tradicionales.

El método cartográfico

Debemos partir de la aclaración sobre las diferencias entre el "método cartográfico" y la "práctica de la cartografía social". El método cartográfico fue propuesto inicialmente por Deleuze,

---

4. Grupo independiente de mapeo colectivo que ha desarrollado un amplio trabajo de difusión en metodologías de construcción colectiva de mapas, principalmente desde un enfoque crítico.

donde sujeto y objeto no están divorciados en tanto la comunión de ambos se amalgama en el "proceso de la experiencia". Este proceso de la experiencia coloca tanto al investigador como al objeto de la investigación (tradicionalmente, objeto) en un "plano común" donde la "experiencia" es el proceso que los unifica y que propicia el diálogo e intercambio de información, por los cuales ambos comparten elementos de la experiencia en el que se produce un proceso de enriquecimiento sobre el conocimiento de la realidad experimentada. Entendemos la realidad experimentada y puesta en plano común a partir del diálogo de sujetos heterogéneos y singulares que comparten sucesos comunes a través de diferentes subjetividades. Podemos encontrar un ejemplo de esto en algunas situaciones que en oportunidades utilizamos para mapeos sociales: viajar en colectivo o subte, ir caminando por el centro, esperar turno en la guardia de un hospital, aguardar en el banco, preguntar una dirección en la calle, etc. Son situaciones que compartimos con otros, en lugares comunes o públicos; situaciones que, como lo indica la etimología de *situación*, acontecen en un *situs:* emplazamiento, lugar, establecimiento. Por ello, el lugar es un espacio a compartir como plano común del acontecimiento; para Michel Foucault (1992: 32) es "en el nivel de la materialidad como cobra siempre efecto, que es efecto; tiene su sitio, y consiste en la relación, la coexistencia, la dispersión, la intersección, la acumulación, la selección de elementos materiales; no es el acto ni la propiedad de un cuerpo; se produce como efecto de y en una dispersión material".

De este modo, el plano común, como situación compartida en un acontecimiento cotidiano, conforma una clara escena para el intercambio de experiencias a partir de las diferentes subjetividades intervinientes.

Avanzar metodológicamente en la producción de un plano común emplazado en un *lugar* y como *acontecimiento* interpela la representación del mundo mediada por la experiencia individual y el grupo social cotidiano. Resulta interesante lo que al respecto dice Eduardo León (2009: 27) en su análisis del giro hermenéutico en la fenomenología en Martin Heidegger:

Nuestra propia existencia encarna una determinada representación e interpretación del mundo. El ser es lenguaje y tiempo, y nuestro contacto con las cosas está siempre mediado por prejuicios y expectativas como consecuencia del uso del lenguaje. Cualquier respuesta a una pregunta acerca de la realidad se halla manipulada de antemano, ya que siempre existe una precomprensión acerca de todo lo que se piensa.

Así, el plano común pone en diálogo a tiempo, lugar, prejuicios y preconcepciones en el intercambio de experiencias. En la imagen 2 puede observarse una escena de cartografía social, donde sus integrantes, para construir esa obra colectiva, necesariamente deben dialogar sobre sus experiencias, y debatir y colocar en ese plano común los ingredientes cartográficos del mapa social.

2. Zona de mapeo. Construcción de un plano común situado en una obra común. Fernanda Tomiello, 2014.

Viajar en ómnibus o esperar en la fila de un banco nos atravesará en diferentes subjetividades, con diferentes singularidades sobre el caso. El acontecimiento es siempre singular, material y emplazado, lo que permite su producción cartográfica colectiva, y como evento de producción invita al diálogo y el consenso de sus productores. En este sentido podemos decir que en cartografía el plano común, a partir de la experiencia, se configura como uno de los principales insumos para la producción colectiva; que, para el caso de cartografía social, lo son los mapas sociales (producto colectivo).

El método cartográfico utiliza especificidades de la geografía para crear relaciones de diferencia entre espacios geográficos (los cuales no son exclusivamente espacios geográficos) y dar así cuenta de un espacio común. De este modo, para nosotros, *cartografía* es un término que hace referencia a la idea de mapa, y se contrapone a la topología y a las representaciones euclidianas –que caracterizan al terreno de modo estático–, con una mirada dinámica que procura visibilizar las intensidades, abriendo el registro al acompañamiento de las transformaciones que acontecen en el terreno percibido e ingresando en el terreno del sujeto singular como percibidor de ese mundo cartografiado y colectivo, gracias a su interrelación social y su necesario diálogo para la construcción de productos sociales. Así, la cartografía social procura una implicación del sujeto investigador con el investigado, al tiempo que hace difusos los límites entre ambos. Ante esto, Kastrup (2014: 27) menciona que el método cartográfico siempre es de investigación e intervención al mismo tiempo, ya que "no mantiene una relación de oposición entre investigador e investigado, tomados como realidades preestablecidas, y descoloca esa polarización para asegurar una correlación de coproducción y convergencia". Siguiendo en esta línea, lo que el método cartográfico procura es hablar en conjunto con la experiencia de la realidad, y no sobre la realidad, produciendo un evento de implicación entre el investigador y el investigado.

Esa implicación garantiza un protagonismo del objeto en tanto productor de conocimiento y cuestionador de los estándares de construcción de esa producción. Así, se produce una doble función: por un lado se generan datos que podrán sistematizarse (sobre el territorio experimentado) y, por otro, se produce un proceso de transformación de la experiencia del participante (Kastrup, 2014). Ese proceso de transformación de la experiencia es siempre colectivo y establecido a partir del diálogo, en tanto se conforme una obra también colectiva, donde la experiencia del otro es indispensable para la creación de un producto determinado (sean mapas sociales, una entrevista, una reunión grupal).

Por un lado, la práctica cartográfica, según Eduardo Passos, Virgínia Kastrup y Liliana da Escóssia (2009), genera una triple inclusión: porque coloca en un plano horizontal a diferentes singularidades y sujetos diferentes que dialogan, crean interés en el tema abordado y producen un producto común. Por otro lado, esta inclusión de los sujetos como partícipes de la investigación propicia un efecto crítico en los analizadores de la investigación sobre sus propias prácticas. Finalmente, la investigación se hace efectiva al mismo tiempo que se genera una experiencia colectiva de intervención y diálogo.

De este modo, el método cartográfico promueve el protagonismo de todos sus participantes en un plano productivo, en cuanto a la clásica división entre *sujeto investigador* y *sujeto investigado*. Ese plano productivo es siempre un plano común. Como *plano común* entendemos aquello vivido en el modo en el que juntos habitamos, coexistimos y compartimos actividades. Lo común trasciende a lo singular del sujeto porque pone en una misma posibilidad de registro a la experiencia. Pero al mismo tiempo incluye la singularidad, dado que la experiencia es siempre singular y subjetiva, al tiempo que es un acto creador en el sentido de la producción de imágenes, sensaciones y argumentos a partir del lazo entre el mundo que se nos representa (como supuestamente real y objetivo) y el punto de vista de la experimentación de ese mundo, singular y subjetiva.

Hacer cartografía

Cuando pensamos en un taller de cartografía social, vamos a estar obrando al mismo tiempo sobre el método cartográfico y sobre la idea preconcebida que tenemos sobre "mapas" y "cartografía".

Hacer cartografía implica trabajar cartografía tanto en su concepción tradicional como desde el método cartográfico deleuzeano. La construcción de mapas sociales mediante cartografía social es una práctica que permite, por un lado, no apartarnos de la asociación de datos representados en un texto dibujado y, por otro, en el sentido de la organización, producir esos datos en el mapa para ponerlos en evidencia y discusión en lo que podríamos llamar una fotografía incompleta del espacio social. Esa fotografía es siempre una imagen colectivizada y dinámica, que debemos tener en cuenta que estará incompleta aun cuando haya acabado el proceso de producción del mapa, dado que este es parte inescindible del proceso de investigación, intervención, diagnóstico, animación, etc., en el que se encuentre inserta la cartografía.

Los mapas sociales producidos no solo van a representar al territorio, sino que lo producen y transforman, cumpliendo la función de familiarizar a los cartógrafos sociales con el entorno; el mapa también naturaliza el orden de las relaciones que le son permitidas con el espacio, cumpliendo una función ideológica (Montoya Arango, 2007: 157). En el sentido que postula Vladimir Montoya Arango, reconocer al mapa como un mensaje social implica una labor de descomposición de la retórica y las metáforas cartográficas, así como un alejamiento del pensamiento positivista, para adentrarse en la teoría social, prescindiendo por principio de la neutralidad y la objetividad con las que se ha revestido hasta ahora el saber científico.

El mapa social es siempre subjetivo y comunitario. Es un mapa festivo en su génesis y aparentemente caótico, porque es vivo; en contraposición al solitario mapa de los institutos geográficos estatales. Esto marca el límite de su génesis y su estructura. Mientras que el mapa tradicional nace normado y se posa en el paradigma de la representación, el social lo hace consensuado y se posa sobre la experiencia y el plano común. Mientras que el tradicional es obrado de modo vertical, el social se produce de modo horizontal.

Tenemos también que rescatar la importancia de la cuestión del "poder" de la cartografía. Quien posee la información acerca de dónde están ubicados los objetos dispone de gran parte de las herramientas para comandarlos. Harley (2005) indica que el cartógrafo es un sujeto social, inmerso en intereses políticos que configuran la realidad social de su tiempo; su conocimiento no es neutro ni imparcial, está inserto en las tramas del poder y es instrumentalizado por aquel. Por esto, en cartografía social el cartógrafo es colectivo. No hay cartografía sin comunidad. Esta colectivización involucra que los objetos y las acciones existentes en el espacio sean compartidos e intercambiados. Así, cada integrante del obraje advierte nuevos objetos y nuevas acciones. Los cartógrafos del mapa social son aprendices de su propio espacio; espacio que al mismo tiempo se encuentran creando.

Desde la intervención social, Carballeda (2014c: 25-26) aborda la cartografía social y una definición de territorio a partir de la necesidad de "acceder al territorio". Para Carballeda, el territorio es siempre historia y tiene inscriptas en sí las dificultades y posibilidades en la resolución de problemáticas. Ante esto la cartografía social se presenta como una metodología que construye el acceso al conocimiento para el abordaje y la transformación:

> Desde la complejidad de los escenarios actuales de intervención en lo social, lo territorial se presenta como un espacio de mirada y análisis que requiere de lecturas que trasciendan las descripciones formales o meramente descriptivas o cuantitativas. El territorio construye subjetividad y es construido desde ella. Lo territorial es memoria, recuerdos y "previsiones extrañas", poseyendo también diversas posibilidades de acceso a la multiplicidad de imágenes, representaciones, imaginarios y sentidos que trascienden la realidad objetiva desde fisonomías que cambian a partir de innumerables expresiones.
>
> Es el territorio el lugar en el que la identidad y la pertenencia son constituidas como fundamentos de la cohesión social, ya que este es habitado por la memoria y la experiencia. Es posible entender la identidad social como una serie de atributos reconocibles en un sujeto [acompañado] por otros miembros de su grupo de pertenencia. Esa construcción social de la identidad se entrelaza con lo cultural, conjugándose una serie de pautas y valores también compartidos. Es posible también definir lo territorial desde estos aspectos, ampliando de esta manera las alternativas de mirada.

La posición que toma Carballeda sobre el territorio desde el trabajo social, admirada por muchos de los geógrafos, se aplica desde la experiencia, la memoria, el acontecimiento, la identidad y los entrelazados subjetivos; elementos imprescindibles para el diálogo que construye el texto-mapa que compone la cartografía social.

El proceso de traducción

La producción cartográfica en cartografía social está signada por un permanente proceso de traducción. Vamos a entender la traducción desde su etimología; el término proviene del latín *traducere*, que significa pasar de un lado a otro, convertir, mudar, trocar, guiar. En la producción de mapas sociales estaremos constantemente pasando de un lado a otro entre la intención inicial, el *derrotero*,[5] la discusión del grupo y sus intertextualidades, la presentación, los códigos que se yuxtaponen (verbal, no verbal, etc.). En este sentido, no hay una linealidad del proceso, sino una estructura rizomática donde todos los componentes intervienen y componen, incluso a veces mudando de sentidos originales.

Vamos a insistir en varios momentos en el "proceso de traducción". En tanto entendemos los mapas como textos, ellos implican un código gráfico de *formas* dibujadas con un *contenido* (y viceversa) deliberado que se *traduzca* en el código verbal de enunciados como "Esta ciudad termina acá y en esta parte viven ladrones" (según notas de trabajo en talleres de cartografía social, Comodoro Rivadavia, 2016). El proceso es siempre, como hemos dicho, rizomático y nunca lineal.

Para producir los mapas sociales tenemos que ir del habla, de la escritura, al dibujo y a la búsqueda y selección de colores. Creamos sistemas de referencias, al mismo tiempo que utilizamos códigos no lingüísticos, como el gestual-corporal. Este proceso maquínico, tímidamente guiado por el derrotero, irá interpretando, traduciendo y transformando las intencionalidades iniciales para dar lugar al nuevo mapa.

Este proceso de traducción es siempre un trabajo que implica

---

5. El derrotero es el sistema de referencias y guía que vamos a utilizar en el taller. Se llama derrotero justamente porque nos indica hacia dónde vamos, como en la navegación. Pero del mismo modo que en navegación, ese destino puede ser modificado sobre la marcha, dependiendo de las circunstancias del grupo, los debates que se presenten y las modificaciones en el objetivo general.

un esfuerzo al que debemos estar dispuestos a afrontar. El desafío se impone ante la certeza de que estamos trabajando con *textos cartográficos colectivos*.

Concretamente el mapeo social no acontece en un espacio caótico de creación, sino en un proceso productivo cuidado y sistematizado, en el cual hay una relación entre una intencionalidad inicial y el producto (que nunca es final). La intencionalidad inicial de mapeo puede contenerse en el objetivo a mapear, presentado en forma de tema, problema, diagnóstico, área, etc. La intencionalidad, como veremos más adelante, se transforma permanentemente en el dispositivo de intervención o investigación, atravesado por los intereses coexistentes de los diferentes sujetos que intervienen: grupo de cartografía, referentes sociales,[6] cartógrafos sociales, comunidad implicada, etc. Esta intencionalidad –como tema, problema, diagnóstico– ingresa materializada en "derrotero", que es el instrumento que utilizamos como guía del proceso de mapeo.

Para avanzar en la idea de traducción resulta relevante rescatar la interpretación que Umberto Eco (2008) realiza de las ideas de Louis Hjelmslev, para quien todo sistema semiótico consiste en un plano de la *expresión* y un plano del *contenido* que representa el universo de los conceptos expresables. En este sentido, para Eco (2008: 49), "cada uno de los planos consiste en una forma y una sustancia y ambos son el resultado de segmentación de un *continuum* o materia prelingüística".

Así como para Eco "antes de que una lengua natural haya puesto un orden a nuestra manera de expresar el universo, el *continuum* o materia es una masa amorfa e indiferenciada" (50), podríamos decir que, *antes de que las proyecciones cartográficas hegemónicas hayan puesto orden a nuestro modo de dibujar el mundo, los planos de forma y sustancia se encuentran libres para crear otros sistemas para expresarlo.*

También la noción derridiana de traducción nos aporta que todo el proceso de deconstrucción es una instancia de traducción, en el cual los discursos y las prácticas intervienen en la transformación del denominado "original". Podemos decir, así, que la

---

6. Los referentes son algunos integrantes de la comunidad que suelen participar activamente en la organización.

intencionalidad de mapeo social inicial planificada por el grupo de intervención/investigación será *canibalizado*, tal como lo expresa Susan Bassnett (1991), pues el "original" –entendido en cartografía social como la intención inicial planificada– será *deglutido* y *digerido* en un proceso de apropiación de sentidos, tanto de contenido como de forma, para dar lugar a otros nuevos sentidos. Este mecanismo da cuenta de que en cartografía social se rompe con la armonía que propone el paradigma de la representación en función de la lógica realidad *calcada* en escala, ya que la propia traducción *transforma* el supuesto elemento original en "otra cosa" donde la narrativa del texto-mapa está dada a partir de la discusión que implica la producción del mapa.

Traducción: forma-contenido sociocartográfico

Dado que estamos trabajando en la producción de *textos* cartográficos, nos enfrentamos, como hemos dicho, al imperio del mapa tradicional como texto hegemónico que determinará tanto la enunciación como la interpretación y creación.

Para Eco, ante el problema de la forma, el contenido y la sustancia es central en la combinación de elementos que crean una expresión. Ante esto, el sentido final de esa forma contenido será la sustancia otorgada por el contexto de producción de esa forma-contenido. El semiólogo italiano dice al respecto:

> Los sistemas lingüísticos son comparables y las eventuales ambigüedades pueden resolverse cuando se traducen los textos a la luz de los contextos y con referencia al mundo en que ese texto determinado habla.
>
> Cuando se produce una emisión cualquiera (fónica o gráfica) aprovechando las posibilidades que un sistema lingüístico ofrece, ya no tenemos que vérnoslas con el sistema, sino con un proceso que ha llevado a la formación del texto. (62-63)

La formación del texto cartográfico en el proceso de cartografía social estará siempre influenciado por la *forma* de la cartografía tradicional. En otras palabras, la forma es el orden articulado que produce los límites o moldes que generarán una especie de consenso del "dibujo" cartográfico. En palabras de Hjelmslev (1984: 79):

> Reconocemos en el contenido lingüístico, en su proceso, una forma específica, la forma del contenido, que es independiente del sentido y mantiene una relación arbitraria con el mismo, y que le da forma [al sentido] en una sustancia del contenido.

Un ejemplo concreto: cuando tenemos la intención planificada de que el grupo de cartógrafos sociales dibuje "la ciudad de Maputo", estaremos ingresando en un proceso donde "ciudad" y "Maputo" serán conceptos-entidades emitidos con intencionalidad, y planos de forma y contenido preconcebidos, aunque con una previa deconstrucción y delimitación dadas a partir de la negociación y redefinición conceptual que realicen los cartógrafos sociales.

Tanto "ciudad" como "Maputo" implicarán tanto formas aprendidas, a partir de la lectura de los mapas tradicionales hegemónicos conocidos, como formas experimentadas, que se filtran en el contexto social y espacial de los sujetos cartógrafos sociales.

La intencionalidad de dibujar la "ciudad de Maputo" construye, en el mismo enunciado, límites y formas que aparentemente están fijadas y consensuadas desde las formas de la cartografía hegemónica y los contenidos institucionalizados. No obstante, si estos límites son asumidos como indiscutibles y fijos, no tendría sentido sumergirnos en intentar trabajar con cartografía social. Es decir, debemos asumir que hay otras interpretaciones que permiten otras *formas* y que al mismo tiempo resignifiquen en la negociación los conceptos de "ciudad" y "Maputo". Así, la intencionalidad "ciudad de Maputo" como original será inicialmente deglutida por el grupo de cartógrafos sociales, que digerirá y transformará una forma y un concepto de "ciudad de Maputo" singular colectiva a partir de la experiencia compartida en el plano común. El proceso de traducción ingresa así en un problema de *asociaciones consensuadas* (negociación). Es decir, qué significado entendemos (cada uno como sujeto integrante de un grupo de producción de mapa) por ciudad; hasta dónde, cómo es; qué forma tiene, qué hay dentro y qué hay fuera; de acá para allá se llama de otro modo, etcétera.

La negociación y las asociaciones consensuadas

Ante esto, resulta preciso reparar en la *negociación de significados*. El proceso de asignación de significados en el marco de la producción de mapas sociales está inmerso, a través de la traducción, en una negociación. Tal negociación, al igual que en la vida cotidiana, resulta de la puesta en valor de los significados individuales en un espacio de discusión colectivo. Esto es, al producir el mapa, los cartógrafos sociales estarán en *acuerdos* y en *desacuerdos* permanentes sobre lo que debe estar o no, dónde, cómo, etcétera, lo que implica también una "puja" de la singularidad de cada cartógrafo social en el debate colectivo de la producción del mapa (imagen 3).

3. Negociación en el proceso de producción. Juan Manuel Diez Tetamanti, 2016.

El mecanismo de negociación es uno de los más enriquecedores del proceso, en sentido cognitivo. Al respecto, Eco dice que hay una negociación entre tipos cognitivos, a los que distingue entre *nuclear* y *molar*: "El contenido *nuclear* se puede ver, tocar, comparar intersubjetivamente porque [...] representa las nociones mínimas, los requerimientos elementales para poder reconocer un objeto dado" (112). El contenido *molar* implica una competencia ampliada, un conocimiento más específico sobre el objeto con el que se puede abordar con mayor detalle. En el proceso de traducción y producción, contenidos nucleares y molares ingresarán al plano de la negociación, arribando a asociaciones consensuadas. Este mecanismo implica que no todos disponen de los mismos contenidos para aportar en el mapa. Dependiendo de la experiencia, el plano común trazará diferencias en los contenidos ingresados al mapa, en tanto el proceso de traducción contendrá un proceso de negociación. En el caso del dibujo de "ciudad de Maputo", todos darán por supuesto que el centro es indiscutiblemente parte de "ciudad de Maputo". No obstante, algunos cartógrafos sociales agregarán que conocen normativas que implican nuevos límites catastrales y geográficos a la ciudad, recientemente incorporados por el gobierno; mientras que otro integrante alegará que "los habitantes de Matola del Sur también llaman Maputo a esa *parte*". A su vez, otro cartógrafo social podrá poner en consideración que en un estudio reciente de la universidad se observó que un grupo de habitantes bohemios de Mafalala no consideran esa *parte* como Maputo, sino como "ciudad de Mafalala".

Así, no hay un contenido más válido que otro. Hay simples yuxtaposiciones que entran en juego para que lo nuclear y lo molar se negocien. Naturalmente la negociación no persigue justicia alguna, sino que a veces reproduce el campo de conflicto que existe en esas relaciones sociales que se manifiestan sobre la producción del mapa. Eco dice en referencia a la *negociación* que "traducir implica siempre «limar» algunas de las consecuencias que el término original implicaba [...] la negociación no es siempre un proceso que distribuye equitativamente pérdidas y ganancias entre las partes en juego" (118), para entonces comenzar a limar definiciones tan afianzadas en nuestro sistema de construcción de una realidad.

La resultante de este proceso de negociación es la incorporación de *asociaciones consensuadas* al mapa social, lo que implica un acuerdo colectivo en lo que está presente, ausente o tácito dentro del texto cartográfico. Estas asociaciones consensuadas actúan tanto en el significado como en la forma y en el contenido; propiciando, por supuesto, un intercambio enriquecedor.

La visibilidad de lo invisible

En cartografía social, la visibilidad del grupo como traductor es fundamental en el producto generado, dado que las decisiones que tome en cuanto a lo que dibuja o no, lo que incluye o lo que omite, lo que coloca adentro o afuera, podrán argumentarse con certeza desde el sentido de la experiencia individual, mediada por el grupo y las representaciones preconcebidas. Así, en el proceso productivo el texto oral se vuelve principal, dado que el contexto del mapa producido estará enmarcado en un metatexto que probablemente no será dibujado en papel, dado que será anteriormente discutido en el momento de consenso. Es decir, en el mapa hay una parte que estará omitida en el dibujo, pero presente en la producción que le otorga sentido. La lectura de ese metatexto a partir de la incorporación de la oralidad en el registro del proceso es central para la posterior instancia de análisis, dado que puede modificar drásticamente los posibles significados (imágenes 4 y 5).

Así, las palabras que generan la intencionalidad de mapeo se transforman siempre en conceptos-entidades a traducir. "Ciudad de Maputo" se materializa en una definición de límites, capacidades, formas y experiencias que van a dar un nuevo sentido al producto. Ciudad de Maputo será la ciudad experimentada.

Esta instancia de traducción es central en el proceso de cartografía social. No hay cartografía social sin aceptar el proceso de traducción como proceso de deconstrucción, asociación y producción. La riqueza del proceso permanente está en la transformación que genera la traducción en sí, y los argumentos que esta proporciona para el análisis del territorio. Así, los distintos tipos de "ciudad de Maputo" producidos hablarán de concepciones diferentes, diferentes grados de domesticación de los cartógrafos

4   5

sociales, cosmovisiones y experiencias diferentes que producen mapas únicos, dando diferentes grados de visibilidad o invisibilidad a cada tema a abordar.

Así Kastrup y Passos (2016) nos brindan una completa definición de este proceso cuando dicen que en la cartografía la traducción (decir lo mismo diciendo otra cosa) es una "aventura" de entrar en contacto con la disensión afectiva, lo no verbal, el cuerpo, la distribución de poder y otras unidades de sentido que colaboran en la producción de un nuevo discurso.

5. Produciendo cartografía social: apuntes prácticos

Ahora sí vamos a comenzar a pensar cómo armar un taller o una serie de talleres de cartografía social; en el marco de qué, con quiénes, dónde, cuándo y hasta dónde llegaremos con esta metodología.

Antes de seguir me animo a insistir en que el postulado de que el método cartográfico no parte de una realidad preexistente, sino que sitúa a la experiencia como acto creador, en el sentido del lazo entre el mundo que se nos presenta y el punto de vista de la experimentación de ese mundo, en un plano común y colectivo (Kastrup, 2014). Y es este el punto de partida: un universo de anclas teóricas en permanente construcción y con cabos sueltos que nos dan la posibilidad de navegar por lugares diferentes, que hasta hoy no conocíamos.

Para iniciar la tarea tenemos que tener presente que será relevante configurar un *dispositivo* de investigación, intervención, trabajo. Este dispositivo es un "proyecto" indeterminado y flexible –en los términos que propone Francesco Careri (2014: 164)– dispuesto a modificarse en medio de la tormenta a la que nos enfrentamos "encontrando en el propio territorio y en quien lo habita aquellas energías que permitan llevar adelante el proyecto indeterminado en su devenir: las personas adecuadas, los lugares más adaptados y aquellas situaciones en las que el proyecto pueda crecer, modificarse y convertirse en un territorio común. Es evidente que si tenemos un proyecto determinado, este se hará añicos a las primeras ráfagas de viento, mientras que un proyecto de este tipo tiene probablemente más posibilidades de realizarse".

Respecto de los diferentes procesos de intervención en los que puede incluirse el trabajo con cartografía social, Carballeda (2014c: 26) indica:

> Desde una perspectiva metodológica, se presenta como un proceso que se lleva adelante a través de diferentes actividades en las que el tiempo que transcurre está signado por ellas y sus propósitos [...] Se trabaja partiendo de la identificación de categorías, variables e indicadores, con la finalidad de organizar una primera etapa de la información. Para tal fin es relevante definir el sentido de la acción, la intencionalidad de la misma y la escala de esta a nivel barrial, local y regional. Esta modalidad de intervención es esencialmente grupal. Un grupo dentro del proceso de intervención social a través de cartografías puede ser entendido como un determinado número de personas que tienen como perspectiva alcanzar un objetivo común vinculado con el conocimiento y la interpretación del territorio, formando parte, durante un período, de un proceso de comunicación e interacción. De este modo se presenta como necesaria la construcción de un sistema de pautas comunes junto con una distribución de tareas. Pero, por otra parte, la interacción grupal que se produce a partir de la aplicación de cartografías sociales es singular, genera nuevas modalidades y visiones tanto desde lo grupal como desde lo territorial.

Otra cuestión es la *centralidad de la negociación* en las subjetividades y experiencias sobre el territorio. La negociación es algo que nos va a situar bastante cerca de la noción de plano común. Es decir, tendremos que encontrar un modo de poner rumbo al taller de modo tal que las subjetividades y experiencias singulares encuentren lugar en el proyecto colectivo de mapeo social. Por ejemplo, si iniciamos la propuesta con la idea de hacer un mapeo sobre la problemática de la inseguridad, y enseguida enunciamos consignas sectorizantes o adjetivantes, esencialmente estaremos cultivando un terreno que puede llevarnos a lugares muy predecibles y poco ricos en el sentido de la creación colectiva a partir de la experiencia.

El debate entre lo *correcto* y lo *incorrecto* es en vano. No hay grafo correcto, ni desprolijo. No hay producción que esté mal realizada en función de comparaciones con la cartografía tradicional. Nuestro sistema de proyección, como hemos dicho, es *social* y no topográfica. Por lo tanto, las *formas* estarán enlazadas a *contenidos* en mutua relación. Esto significa que la *forma* no está atada a la forma "original" que intenta representar, sino al *contenido* que argumenta. De este modo, una forma puede estar hablando de la magnitud de su importancia en relación con una comunidad, en tanto tamaño o color, u otras cuestiones de *contenido*. En esta línea, resultan siempre relevantes tanto el proceso como el contexto de producción del mapa, y los posibles argumentos y lecturas que pudieran desprenderse.

En la tabla 1 se ofrece un tipo de interpretación sobre el camino transitado por los cartógrafos sociales en la producción de cartografía social ante la *forma*, el *contenido* y la producción de *nuevos sentidos* cartografiables.

Tabla 1

1) Cartografía tradicional (influencia de la forma)		
2) Contexto social de producción (animación del debate e intercambio)		
a) Emisión de enunciado de intencionalidad (solicitado en el derrotero)	b) Interpretación, resignificación, negociación y producción (creación de mapas sociales)	c) Expresión forma-contenido (texto creado)
Resultado: mapa social (nueva forma-contenido, nuevos sentidos)		

Ya hemos hablado lo suficiente en páginas anteriores sobre la discusión entre *producir y representar*: ese será un permanente escenario en los talleres. Ambas situaciones, de representación y producción, están puestas en juego, discutiendo sobre lo producido y lo representado, intentando no solo reparar en las *formas*, sino también en los *contenidos* y en las posibles relaciones que se presenten, como parte de la problematización que implica la producción cartográfica.

Volviendo al *dispositivo*, que es todo el proceso desde que comenzamos a pensar en hacer un taller de cartografía social, intentaremos que se encuadre con la mayor apertura a la experiencia singular posible, en danza con *el otro*, para construir un enfoque colectivo. Una armonía donde cada nota singular se amalgama con la otra embelleciendo la diferencia para dar lugar a la composición de esa totalidad a la que queremos arribar: un análisis, un diagnóstico, un estudio, una animación en el territorio.

Por último, tengamos en cuenta que los dispositivos de trabajo para cartografía social tendrán estos integrantes:

- Grupo de coordinación[1] del dispositivo y talleres (quienes llevan el rumbo metodológico de trabajo).
- Grupo o referente convocante.
- Cartógrafos sociales.

Todos estos integrantes trabajarán en un sentido cartográfico, compartiendo motivos, objetivos y métodos de trabajo en el *dispositivo*.

Paso 1: el motivo

En los años que venimos realizando talleres desde la cátedra libre de Cartografía Social de la Universidad Nacional de la Patagonia San Juan Bosco, hemos recibido múltiples propuestas originadas en diferentes propósitos y motivaciones. A veces estos motivos están más vinculados a la idea tradicional de mapeo o a la necesidad de generar "una actividad comunitaria" que a las posibilidades que puede brindar la metodología en sí.

Esencialmente hemos trabajado con cuatro motivaciones principales: 1) de investigación; 2) de intervención social; 3) de inte-

---

1. Es el grupo que toma el timón del proceso y articula con la comunidad, tanto referentes como cartógrafos sociales.

rrelación entre investigación e intervención, y 4) de movilización comunitaria.

Investigación: principalmente se vinculan con proyectos en curso, dependientes de universidades o de organismos públicos o sociales que desean indagar sobre un problema en particular. En este caso el motivo es "el problema" de investigación. La singularidad de este tipo de talleres es que, a veces, el problema de un grupo de investigación no es compartido por una comunidad. Entonces, debemos intentar generar un diálogo con quienes participen activamente en el taller, para que dentro de la organización del dispositivo exista una multiplicidad de intereses cruzados. Esto nos permitirá, por ejemplo, si nos interesan *las prácticas de disposición de basura de la comunidad X*, incorporar otras cuestiones que puedan ser de interés para el grupo con el que vamos a trabajar. Esto a veces se realiza agregando aspectos (veremos más adelante en el derrotero) que apliquen a cuestiones que motiven a trabajar ambas problemáticas al mismo tiempo. Volvemos al ejemplo: *prácticas y disposición de basura de la comunidad X y soluciones para el mejoramiento del manejo*. Tal vez en la investigación no interese hacer hincapié en las "prácticas" y en las "soluciones", pero a la comunidad de personas que van a participar como cartógrafos sociales, sí. Por ello incorporaremos estos aspectos y obtendremos resultados de trabajo de múltiples propósitos.

Intervención social: este tipo de talleres es generalmente propuesto por las organizaciones gubernamentales o sociales con acción territorial. Hay una preocupación por "lo que se viene trabajando" por la cual se desea realizar un diagnóstico con la comunidad, o búsqueda de alternativas. En este caso, el motivo es también una pregunta: *¿hacia dónde se dirige el trabajo previo de la organización y hacia dónde quiere ir con el taller de cartografía social?* Esta pregunta nos ayudará a pensar en conjunto con la organización, el dispositivo, a quiénes visitar, el derrotero y el lugar de realización del taller.

Como parte del *grupo de coordinación del dispositivo*, podremos ir conversando con el *grupo convocante* y algunos de los *cartógrafos sociales* (si es que estos participan activamente) de las particularidades de los diseños de diferentes etapas que componen el dispositivo.

Interrelación entre investigación e intervención: el enfoque más frecuente es el que amalgama investigación e intervención. La propia dinámica metodológica del método cartográfico que comentamos en las páginas anteriores nos insta a unificar ambos motivos por defecto. Estamos investigando un problema como las prácticas sanitarias en comunidades rurales, pero al mismo tiempo los cartógrafos sociales se generan preguntas y producen un nuevo espacio que transforma la realidad a partir de la revisión de las experiencias compartidas. Se investigan prácticas y se interviene a partir de la propia revisión de las prácticas en el marco de la producción de nuevos mapas. Diríamos que, aunque nos propongamos solo un ejercicio de investigación, estaremos siempre interviniendo. No hay producción sin intervención ni hallazgo, por lo que es inherente a la cartografía social la unidad de ambos motivos.

Movilización comunitaria: otros de los motivos por los que frecuentemente nos han convocado para la realización de talleres es la movilización comunitaria. En este sentido, recuerdo uno de los primeros talleres en una pequeña localidad de la provincia de Buenos Aires. El grupo convocante estaba preocupado por la "baja participación" de los vecinos en las actividades que se organizaban como fiestas, funciones de teatro, juegos, etc., y tenían la intención expresa de que "participen más". En ese momento se nos ocurrió generar un taller para mapear la "organización" de una de las fiestas. Nos propusimos trazar, a través del derrotero, mapas que hablaran de las relaciones, los conflictos y las actividades que se realizaban para que la fiesta "se concrete". Fue así como los cartógrafos comenzaron a dibujar *cómo se hacía la difusión, quiénes se encargaban de llevar el sonido y la comida, cómo se hacían los contactos con músicos*, etc. De este modo el mapa creó un complejo y completo sistema de "participaciones" en diferentes actividades, necesidades y cuestiones hasta mínimas de la fiesta, como *colgar banderines*. El grupo convocante quedó sorprendido de la diversidad en la participación que había quedado mapeada.

Nos ha quedado demostrado, a partir de este ejemplo y de otros que hemos ido experimentado, que el propio taller propicia una instancia de producción colectiva, que puede transferirse a otras instancias concretas. Por ejemplo, en otro taller donde el grupo convocante perseguía la misma preocupación que el anterior, se comenzaron a idear propuestas de intervención territorial colectiva. De ese modo, se dibujaron reparaciones a edificios históricos y remodelación de refugios para esperar ómnibus. Estas ideas ya estaban siendo conversadas por algunos vecinos, pero el taller facilitó que se comenzara a producir en el mapa lo que luego sería transferido a objetos externos (reparar el cine y buscar recursos, reparar refugios de ómnibus, etc.). De este modo, la experiencia de cartografiar como acción se presenta como un "devenir" en sentido simmeliano, donde los efectos superan la acción a cualquier sujeto para internarse en verdaderos procesos complejos, anónimos y comunitarios de transformación.

El motivo se acompañará de una intencionalidad de producto, sea generar *diagnósticos*, contribuir en *procesos de investigación o intervención*, aportar a *resoluciones de conflictos*, producir *análisis socioespaciales*, abordar *problemáticas comunitarias*, entre otras.

Por último, y no menos relevante, será preciso definir con qué conformación de grupos trabajaremos. Esto es, a partir del motivo de trabajo, deberemos consensuar qué composiciones grupales serán las más óptimas para la producción de mapas sociales en función de tener en cuenta que los grupos trabajarán alrededor de una producción que implicará intercambios. Por ello no será lo mismo abordarlo desde grupos compuestos por grupos etarios similares, misturados; o desde grupos con cartógrafos sociales habitantes de una misma zona o misturados. Si queremos trabajar, por ejemplo, intercambios de experiencias entre ancianos y estudiantes adolescentes, será muy interesante poder conjugar las participaciones; no obstante, si deseamos abordar una problemática desde diferentes experiencias en la propia producción de mapas y presentar los resultados al final, quizá sea más conveniente trabajar por un lado con grupos de ancianos y por otro, con estudiantes adolescentes.

Así, tendremos en cuenta la siguiente propuesta para conformar los grupos:

1) ¿Unión o fragmentación de grupos etarios?
2) ¿Unión o fragmentación de procedencias de cartógrafos sociales? ¿Cómo los dividimos?
3) ¿Trabajamos con grupos reunidos a partir de sectores de actividad, o por zonas geográficas?
4) Otras divisiones que se puedan considerar.

Será conveniente tener en cuenta estas propuestas de conformaciones grupales para que, una vez en el momento del taller, podamos coordinar la formación de los grupos.

Paso 2: el objetivo cartografiable

El motivo se transformará, amoldado por las variadas modificaciones que introduzcan tanto el grupo coordinador como el convocante, los estudiantes, vecinos, etc., en un *objetivo cartografiable*.

¿Qué es el objetivo cartografiable? Es la traducción que haremos del motivo u objetivo inicial hacia una moldura cartografiable. Por ejemplo: volvamos al pueblo en el que decían que la participación de los vecinos en la organización de fiestas y eventos era "baja". Bien, inicialmente este enunciado podría motivarnos a hacer una ronda y conversar, llamar un psicólogo grupal o hacer un asado para intentar convocar a algún vecino más. Pero, sin embargo, nos llaman para hacer un taller de cartografía social.

Transformar "los vecinos participan poco" en un objetivo cartografiable parece en primera instancia más complejo que abordar en cartografía que "los problemas de infraestructura del barrio".

Para transformar el motivo en un objetivo cartografiable, debemos obtener del motivo aquellos elementos que permitan trabajar en un plano común de la experiencia, sobre la base del texto oral, el escrito y el mapeo. Sería casi inútil pensar que vamos a dibujar a los vecinos que participan con azul y a los que no participan con rojo, aunque quizá para algún otro objetivo eso resulte fructífero. Sin embargo, vamos a pensar en qué elementos podemos tener presentes para el mapeo. Esos elementos deberían facilitar un diálogo e intercambio de experiencias entre los cartógrafos sociales y, al mismo tiempo, permitir que se dibujen objetos que ayuden a producir un mapa del tema.

Así es que a partir de "los vecinos participan poco" podremos pensar en que lo que nos interesa son dos palabras: *vecinos* y *participan*. Pues "poco" deberíamos pensar que es una hipótesis o bien podría ser una sensación colectiva de solo un grupo.

A partir de *vecinos* y *participan* iremos deconstruyendo ambas palabras en función del motivo "participan poco, queremos que participen más en las fiestas, eventos, etc.". Entonces, a partir del motivo, pensaremos qué es lo que puede espacializar a "vecinos" y "participan" en cuanto a "fiestas" y "eventos". De este modo deberemos avanzar sobre abstracciones que se materializan. Por ejemplo: "Mapeo de la participación de los vecinos en la organización de un evento", o "Mapeo de la organización de un evento y diferentes participaciones". Y así iremos "jugando" con la construcción de un enunciado que deberá ser corto y sencillo, no prestarse a confusiones y habilitar al diálogo en pos de la producción del mapeo.

Paso 3: el derrotero

Hemos llegado al elemento central del diseño del dispositivo. Central porque es el que concentra a todo el dispositivo, desde el motivo, el objetivo cartografiable, las conversaciones entre y dentro de los grupos de organización y convocante; al mismo tiempo que servirá de traducción entre el objetivo cartografiable y los cartógrafos sociales.

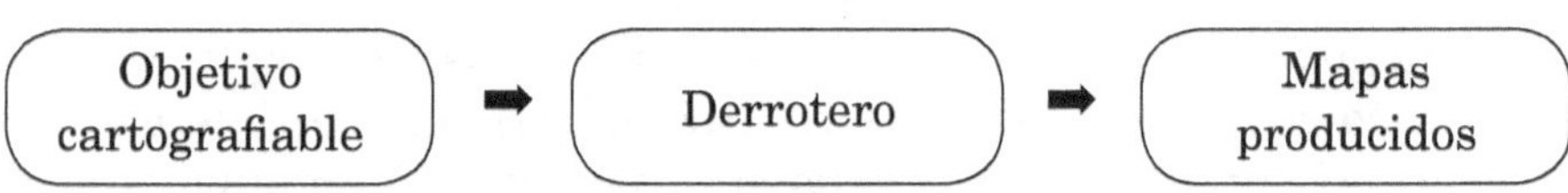

El derrotero es una secuencia de aspectos cartografiables y referenciables con un orden escénico que puede ser sistematizada.

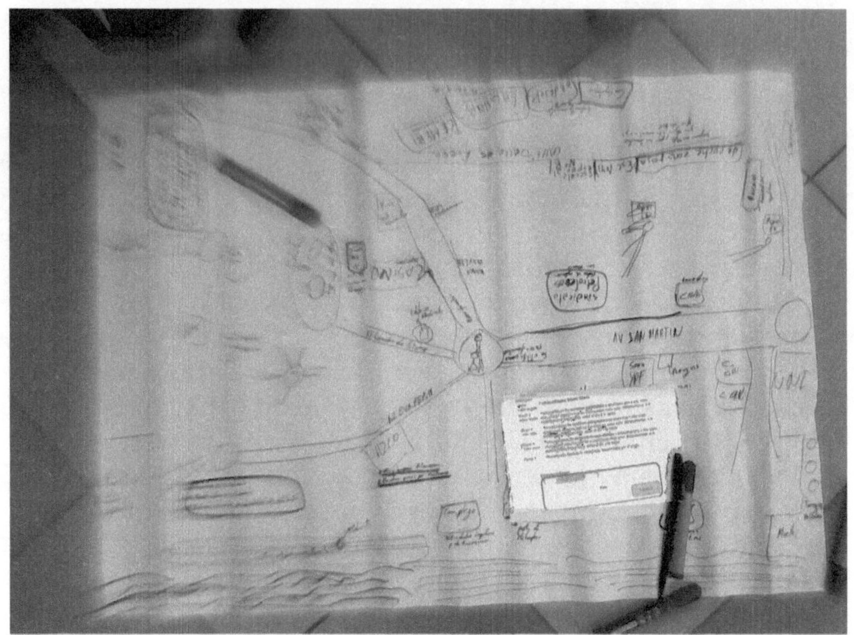

7. Derrotero apoyado sobre el mapeo.
Juan Manuel Diez Tetamanti, 2016.

Los aspectos cartografiables emergen del *objetivo cartografiable*. Son abstracciones o representaciones o producciones que pueden materializarse en el dibujo del mapa, que al mismo tiempo permiten discutir sobre "un proceso", "una ubicación", "relaciones", "prácticas", "conflictos", "cambios", "imaginarios", etcétera.

Si volvemos al ejemplo del pueblo donde el *objetivo cartografiable* era "Mapeo de la participación de los vecinos en la organización de un evento", debemos comenzar a extraer de ese enunciado aquellos *aspectos cartografiables* que nos permitan materializarlo, como se mencionó en el párrafo anterior.

Para esto, en nuestros talleres utilizamos un esquema que simplifica la estructura del derrotero. Debe tenerse en cuenta que esta no es la única manera de diseñarlo y que existen muchísimas otras posibilidades de hacerlo e innovar. Lo que sigue debe tomarse solo a modo de sugerencia.

Tabla 2
Objetivo cartografiable

Etapas	Aspectos	Observaciones
Etapa 1 (color x)	Aspecto A	Observaciones y aclaraciones
Etapa 2 (color xx)	Aspecto B	Observaciones y aclaraciones
Etapa 3 (color xxx)	Aspecto C	Observaciones y aclaraciones
Última etapa	Presentación grupal de los mapeos sociales	
Duración aproximada del taller: 3 horas.		

En el esquema de derrotero que presentamos en la tabla 2 indicamos en el título el *objetivo cartografiable* definido en las etapas anteriores. Esto podría omitirse, pero como parte de la guía general de trabajo para los cartógrafos sociales resulta siempre beneficioso estar informados "hacia dónde vamos".

Posteriormente, en la fila de abajo están los encabezados que indican en tres columnas *etapa*, *aspectos* y *observaciones*. Las *etapas* son las instancias de trabajo en capas que separarán diversos aspectos. Estas instancias de trabajo dentro del taller podrán entenderse como "capas" o *layers* que solemos dividir en diferentes tipos de colores, íconos o estructuras de líneas. La finalidad es diferenciar un aspecto de otro, al mismo tiempo que se intenta dividir cada etapa en un aspecto del cual se debatirá mientras se produce. Los *aspectos* son las materializaciones deconstruidas del *objetivo cartografiable*. Para que sea más claro, vamos a presentar el ejemplo de derrotero para el objetivo cartografiable "Mapeo de la participación de los vecinos en la organización de un evento" imaginando que será en la localidad de Vera, provincia de Santa Fe.

En el derrotero mostrado en la tabla 3 se indica el objetivo cartografiable. Abajo dividimos la tabla en tres columnas: a la izquierda las etapas, donde se indican los colores que serán utilizados; a la derecha las observaciones, que pueden utilizarse para aclaraciones de metodología o herramientas de trabajo, y en el medio, los aspectos.

El primer aspecto, a dibujar con color negro (los colores son meras sugerencias), indica: "Vamos a dibujar Vera y alrededores". El aspecto parte de la deconstrucción del objetivo cartografiable y pretende en primera instancia localizar el mapeo final. No obstante, tenemos que recordar que el derrotero es un instrumento retórico que además solicita un "dibujo". Esto, en primer lugar, nos remite a la idea de que estemos haciendo algo que ya conocemos: *dibujar*. Es importante tenerlo en cuenta, dado que si indicáramos, por ejemplo, "Vamos a cartografiar Vera y alrededores", estaríamos señalando a los cartógrafos sociales una tarea que a priori es *desconocida* en la experiencia previa.

En segunda instancia se indica la palabra *Vera*. El nombre propio es siempre un límite en sí. Podríamos discutir mucho sobre hasta dónde es o no Vera. Con certeza, las definiciones van a variar, pero sobre todo intentarán coincidir con el mapa tradicional. No obstante, se omiten palabras como "localidad" o "ciudad" ya que, de incluirlas (cosa que podría hacerse dependiendo del objetivo), estaríamos incorporando un nuevo límite de forma y contenido. Pero en este derrotero nos interesa simplemente el límite *Vera*. Ese mapa debe producirse sobre la base del debate. Esto propiciará intercambio de experiencias y argumentos, trazando probablemente otros límites, como aquellos que mencionaba Agamben. Por último, la palabra *alrededores* estará marcando otro límite. Evidencia algo más amplio que *Vera*, que dependerá muchísimo más aún de la discusión que se plantee.

¿Para qué hacemos esto? Porque justamente el evento de Vera es una fiesta local con participación regional. Nos interesa saber hasta dónde sus habitantes consideran ese *alrededores*, que incluyan en el mapeo esos sitios y que los distingan a partir de las categorías preconcebidas. La dimensión final será la proporcionada por esa escala social.

En el segundo aspecto a dibujar, en verde, se indica "Vamos a dibujar elementos, actividades y necesidades para la organización". Se solicita una revisión de necesidades en cuanto a elementos, actividades y necesidades para que la fiesta se lleve a cabo. Además de la dimensión territorial que se delimitó en el aspecto primero,

Tabla 3
Mapeo de la participación de los vecinos de Vera
en la organización de un evento

Etapas	Aspectos	Observaciones
Etapa 1 (color negro)	Vamos a dibujar Vera y alrededores	libre
Etapa 2 (color verde)	Vamos a dibujar elementos, actividades y necesidades para la organización del evento	libre
Etapa 3 (color azul)	Vamos a dibujar personas y relaciones de personas que participan y cómo participan en función de actividades y elementos de la organización del evento	Podemos dibujar, colocar nombres de participantes, otros elementos indirectos necesarios que consideren
Etapa 4 (color rojo)	Vamos a dibujar elementos, personas y relaciones de personas que faltarían y en función de qué actividades y elementos de la organización del evento	Podemos dibujar o escribir sobre cómo podemos solucionar, solventar, mejorar esa falta
Última etapa	Presentación grupal de los mapeos sociales	
Duración aproximada del taller: 3 horas		

ahora se pide pensar en sus "ingredientes": qué cosas componen el evento fiesta, dónde están ubicados esos ingredientes. Esta parte del taller colabora para dimensionar cuestiones que a veces se naturalizan y se omiten de la revisión. Puestas en el mapa, se revelan ante el análisis de los propios cartógrafos sociales. Por ejemplo, un ómnibus que ingresa a la localidad desde la ruta es parte de la fiesta. Aunque el ómnibus esté ahí todos los días cumpliendo otras funciones, ese día es primordial. Si no está, fallarán otras cosas. Por lo tanto, el ómnibus, su chofer y las condiciones u horarios serán parte de esos ingredientes a "situar" en el dibujo.

En el tercer aspecto a dibujar, con color azul, se indica "Vamos a dibujar personas y relaciones de personas que participan y cómo participan en función de actividades y elementos de la organización". Volvemos a sugerir solo un dibujo. Aquí nos interesará que sobre la "capa" del aspecto anterior se dibujen personas y relaciones en que ellas participen. Es decir, aquellos sujetos involucrados. Otra vez volvemos a la terminología: no utilizaremos palabras como "sujeto", sino "personas", para evitar problemas en la interpretación del texto y considerar significados que puedan ser interpretados de modos más homogéneos en el dominio general. Cuando colocamos "participan" y "cómo participan" estamos abriendo el límite del mismo modo que en la cuestión del aspecto anterior. Es decir, se puede participar de diferentes modos, directa o indirectamente; con diferentes niveles de involucramiento, etc. Entonces, lo que nos interesa es que el grupo discuta qué es participar, cómo, quiénes, etc. Abriendo esta discusión, estaremos propiciando abrir el límite y permitiendo que ingresen participaciones diversas. En cambio, si colocamos en el derrotero, por ejemplo, "personas que organizan la fiesta y cómo organizan", podría interpretarse como que se indican solo aquellos que son parte de lo que se denomina "organizar" o "coordinar", y no aquellos otros que participan de modo marginal, como trayendo leña o haciendo el repulgue de las empanadas. Por eso, es "en función de actividades y elementos de la organización", por lo que "en función" indica genéricamente un nivel de involucramiento variado, que puede ser en cuanto a actividades y elementos. Es decir, traer cosas, llamar a personas, hacer comida, convocar artistas, etcétera.

El cuarto aspecto a dibujar, en rojo, es casi un calco del anterior, pero se incorpora una sola palabra, a fin de evitar confusiones: "faltarían". Esta única palabra resume el problema o motivo inicial. Algo falta; según los convocantes, hay que trabajar sobre eso. Pero ya hemos avanzado en nuestro plano con los "ingredientes" existentes, hemos visualizado lo que *hay*. A la altura del proceso de realización de este aspecto, el mapa habrá tenido bastante debate en cuanto a su producción, por lo que la idea de *faltaría* puede haberse enriquecido. Pero, además, en la columna "Observaciones" se indica "Podemos dibujar o escribir sobre cómo podemos solucionar, solventar, mejorar esa falta". Esto sugiere que los cartógrafos debatan ese problema planteado e ideen alternativas o soluciones, una vez vistas las "existencias" dadas.

Como hemos visto, el derrotero tiene un cuidadoso trabajo de construcción en cuanto a términos-conceptos, límites, preconcepciones, inferencia de formas o contenidos, etcétera.

Sobre todo debemos tener en cuenta que el derrotero es una *guía* que puede modificarse en el mismo proceso del mapeo. Podría suceder que los propios cartógrafos deseen incorporar otros aspectos que consideren necesarios para enriquecer, o bien que algunas cosas se omitan, lo cual debemos estar atentos a observar. Más adelante veremos cómo trabajamos el "derrotero" en el marco del taller. Pero por lo pronto tengamos en cuenta los puntos importantes cuando construimos el derrotero:

a) la interacción entre el grupo académico y el grupo social que garantice una construcción democrática del derrotero;
b) la negociación de intereses entre estos grupos;
c) la claridad de interpretación que permita la creación de mapas y su legibilidad posterior;
d) la claridad de motivos, objetivos e intencionalidades de los sujetos o grupos involucrados, y
e) la creación de pactos de privacidad, divulgación, etcétera.

Este último punto es muy relevante. No tenemos que olvidar que estaremos creando mapas que contienen objetos que pueden ser preciados en diferentes comunidades. Esto no siempre es armonioso y a veces puede suscitar conflictos. ¿Qué sucedería, por ejemplo, si estamos realizando un mapeo de áreas de pesca con una comunidad de pescadores artesanales para diferentes épocas del año, y eso es visualizado por un grupo de empresarios de la pesca que pretenden acceder a ese recurso con barcos de mayor porte? Por ello es preciso que esos pactos se respeten y que la visibilidad se desarrolle en el marco de las intencionalidades negociadas en las diferentes etapas del proceso.

Paso 4: convocando cartógrafos sociales

Antes que nada: ¿y quiénes son los cartógrafos sociales? Son todos los sujetos que participarán en la producción del mapeo social en la instancia del taller. En esa instancia podrán participar también integrantes del grupo convocante y del grupo de coordinación.

La convocatoria de cartógrafos sociales, es decir la invitación a participar de la producción de mapas sociales en el taller, estará influenciada por el motivo del taller. En este sentido, obviamente no será lo mismo una convocatoria de cohorte de intervención que una de investigación.

Generalmente, salvo en las convocatorias de investigación, se suele coordinar con el grupo convocante cómo será esa convocatoria. Así, es posible que el grupo de coordinación también trabaje en la convocatoria, tanto en el diseño de estrategias como en la propia intervención de convocar.

En la mayor parte de las convocatorias se coordina entre los grupos de trabajo para establecer la singularidad de esa convocatoria. Esto puede ser que incluya visitas a diferentes vecinos, llamados públicos en los medios, etcétera.

Lo importante que habitualmente tenemos en cuenta es que el diseño de la convocatoria transmita al público que pueda interesarse la intencionalidad del taller. Luego, el trabajo de convocar encontrará en cada grupo las herramientas que se consideren más pertinentes de acuerdo con la situación que implica el evento en sí.

Por otro lado, siempre en relación con la convocatoria, deberá fijarse un lugar concreto donde se llevará a cabo el taller. En este punto, debemos tener en cuenta que el lugar sea amplio, cómodo y luminoso como para poder trabajar en el suelo con confort.

Paso 5: producir el mapa social (el taller)

Vamos a dividir al taller en las diferentes instancias que lo componen para esbozar una explicación orientativa. Al igual que en los otros componentes del dispositivo, lo que sigue debe leerse a modo de sugerencia; cualquiera de las instancias puede modificarse a fin de mejorar el método.

La *presentación* inicial entre los cartógrafos sociales y de las intenciones y los objetivos del taller es un momento que puede ser breve, teniendo en cuenta que la presentación entre los cartógrafos será un proceso en construcción permanente, al compás del cartografiado de los mapas. Ante esto, y habiéndolo ya definido en los motivos y objetivos del taller, se pasará a la instancia de conformación de grupos.

La *conformación de grupos* estará enlazada a los motivos y objetivos del taller, como ya se explicitó anteriormente. Para esto se podrán utilizar técnicas de agrupamiento al azar o discrecional. Se recomienda que cada grupo no esté compuesto por más de siete integrantes, como para facilitar la accesibilidad al trabajo de cada uno de los cartógrafos sociales. Al mismo tiempo, los grupos podrán nombrar un *escriba*,[2] quien completará la *hoja de bitácora*.[3] Esta hoja contendrá el relato de lo sucedido en cuanto a:

1) dinámica grupal;
2) relaciones entre cartógrafos, conflictos, aprendizajes, etcétera;
3) interpretaciones, definiciones, reformulaciones, etc., y
4) otras cuestiones que se consideren relevantes para anotar.

La hoja de bitácora acompañará la presentación y discusión final grupal de los mapas sociales producidos. Esta hoja es siempre muy útil para recordar diferentes instancias del trabajo en el taller, haciendo hincapié en lo observado por los propios cartógrafos sociales. La hoja de bitácora constituye un instrumento de apoyo interno que podrá ser luego socializado o no, en la etapa final de presentación de los mapas.

Deriva de la dinámica de trabajo

A partir del momento en el que se generan los grupos, se inicia

---

2. El escriba es el cartógrafo social designado por el grupo para escribir la hoja de bitácora.

3. Se trata de una hoja que podrá ser utilizada por los grupos para tomar nota del contexto del proceso: situaciones de conflicto, discusiones, acuerdos, dudas, etc. Estas anotaciones serán útiles al momento de la presentación final y las sistematizaciones.

una nueva *deriva* vinculada a los procesos de interpretación y traducción que luego apliquen en la producción de mapas. Esto implica que podremos experimentar que los grupos de cartógrafos sociales realicen cambios en los modos de trabajo que se propongan. Guiar este proceso implica tener la delicadeza de conducir un buque de vela. Tal como propone Francesco Careri (2014: 165):

> El punto clave reside en cómo proyectar una dirección, pero con una amplia disponibilidad a la indeterminación y a la atención hacia los proyectos de los demás. Llevar el timón de un barco de vela significa construir una ruta y modificarla constantemente, leyendo el mar encrespado, buscando aquellas zonas donde se encuentran las ráfagas y evitando las zonas de calma.

Trabajaremos en el *suelo*, como facilitador de horizontalidad, propiciando así una nueva sensación de innovación en el uso del espacio de trabajo. Esta situación invita a los cartógrafos sociales a ocupar un espacio nuevo que frecuentemente no utilizan o no experimentan desde la niñez, al tiempo que horizontaliza las diferencias y la acción, y pone al desnudo el uso de todo el cuerpo en el proceso cartográfico.

6. Deriva. Juan Manuel Diez Tetamanti, 2016.

En *Espacio habitado* Daniel Calmels dice que el *suelo* es base, fondo-tierra donde se vive, superficie que privilegia la función de sostén y apoyo de los cuerpos vivos, funcionamiento de intercambio entre el cuerpo y el suelo.

La actividad sobre el suelo proporciona horizontalidad, al tiempo que provoca una nueva sensación de innovación en el uso del espacio. Esta situación increpa a los participantes cartógrafos sociales a ocupar un espacio nuevo que frecuentemente no experimentan desde la niñez. Aunque también en la niñez el estar en el suelo es muchas veces reprobado, como recuerda Calmels (1997: 43): "El juego no siempre es permitido, los adultos repiten hasta el cansancio *levantate del piso*, o *el piso es sucio*, o *no agarres nada del piso*", abriéndose así la distinción entre piso y suelo: *piso* se reserva a pisar, al abajo, y es asociado muchas veces con lo sucio, lo gastado, lo que nos sostiene y donde toda la basura se acumula.

Para Calmels, en la vida cotidiana el tirarse al "piso" es un acto reprobable, mientras que en el trabajo con el cuerpo o la motricidad el suelo tiene otro valor que nos remite a la horizontalidad, la capacidad de expandirse y relajarse.

En el inicio de los talleres tenemos la tarea de convertir el *piso* en *suelo*, tal como menciona Calmels. En el trabajo con adultos, esta tarea de conversión llevará lentamente a despojar al piso de la idea de lo inhabilitado o sucio, para convertirlo en un espacio cálido y posible de ser apropiado con la máxima extensión del cuerpo.

Al final del taller, y habiendo estado los cartógrafos sociales en el suelo un extenso tiempo, se evidencia la afirmación de Calmels (1997: 44):

> Después de un tiempo de inmovilidad, el acto de "salir del suelo" hacia la altura está cargado de emociones y puede vivirse como un nacimiento, como un desprendimiento. El suelo tiene el poder de la adherencia, uno se queda "pegado al suelo". *Soldar* proviene de *solidus*, que quiere decir suelo. El *suelo* es base, fondo-tierra en la que se vive, superficie que privilegia la función de sostén y apoyo de los cuerpos vivos, funcionamiento de intercambio entre el cuerpo y el suelo.

El proceso de mapeo se iniciará con una *hoja en blanco*. La hoja en blanco amplía el vacío (ausencia) en función de la *différance* derridiana, que da cuenta de la ausencia de presencia suprimiendo la jerarquía entre ausencia y presencia e instaurándose en un espacio que está más allá de la oposición entre los dos, abriendo la posibilidad de todo sentido y de toda significación, mostrando los límites y las condiciones de posibilidad de toda constitución de sentido (De Narváez Cano, 2013). Así, ponemos rumbo en el sentido de que la producción cartográfica se aleje del calco gráfico de la cartografía tradicional invitando a producir una nueva proyección consensuada y elaborada a partir de una intertextualidad cartográfica con identidad en el grupo de cartógrafos sociales. Tal como profundizamos antes, lo que sucede con la hoja en blanco, como doble función mimética-diegética, es una dinámica pendular entre el calco, característico de la mímesis, y la producción de un espacio singular, que solo es factible a partir de la subjetividad individual de cada cartógrafo social, colectivizada en la producción del dibujo cartográfico. Así es como el proceso deconstructivo interviene desde la hoja en blanco a partir del cuestionamiento de la propia presentación tradicional cartográfica, en tanto escala, precisión, fiabilidad, representación gráfica, símbolos, formas. Los cartógrafos sociales crearán nuevos modos, a partir de los procesos de traducción que hagan del *derrotero*, en cuanto a presentación, simbología, forma, escala, poniendo en cuestión los modos conocidos, para abrir el camino a la textura de la escala social.

La hoja en blanco, al inicio y en la discusión sobre "qué vamos a hacer ahora", se presenta como una intriga que se suma a la nueva situación espacial comunitaria, donde se abre un debate.

Al lado de la hoja en blanco podrá colocarse con facilidad de acceso el derrotero, de modo que pueda ser consultado permanentemente por los cartógrafos sociales, para ir generando las anotaciones y transformaciones necesarias.

Otro elemento presente en la escena del taller es un compuesto de *fibras (marcadores) de colores*. Este compuesto estará vinculado directamente al derrotero y los colores que allí se hayan designado. Resulta práctico que haya varios marcadores de un mismo color. Particularmente óptimo es que exista la misma cantidad de marcadores por color que de cartógrafos sociales, a fin de facilitar el acceso al cartografiado a todos.

8. Fibras o marcadores.
Juan Manuel Diez Tetamanti, 2016.

En el trabajo de cartografiado vemos que algunos de los colores son transformados en sus significados respecto de lo que se indica en el derrotero. Este proceso, al igual que la creación iconográfica de objetos de representación, deberá ser indicado en el derrotero utilizado o al margen, en un cuadro de referencias, a fin de sistematizar y leer posteriormente la producción realizada. Como ya mencionamos, resulta enriquecedor que cada grupo nombre un escriba para la hoja de bitácora. Este escriba es parte del grupo y al mismo tiempo actúa como observador de la dinámica grupal. El apoyo del escriba y sus anotaciones serán de suma utilidad al momento de la presentación final del trabajo desarrollo.

Deriva de los cuerpos y la comunicación

En la práctica de los talleres es posible abordar, en la lectura cartográfica, una proxémica en función del uso y la dinámica de los espacios personales y sociales en los que se desenvuelve la actividad.

En este sentido, la obra de Mark Knapp *La comunicación no verbal, el cuerpo y el entorno* proporciona múltiples abordajes para el trabajo corporal. Para Knapp, la *territorialidad* es un concepto clave en el abordaje del análisis de los cuerpos y la comunicación no verbal. Así, la territorialidad ayuda a la regulación y el conflicto social a partir de mecanismos de *control*, *invasión*, *defensa*, *violación espacial.*

Particularmente nos interesa la relación entre *espacio social* y *espacio informal* a la que hace mención Knapp (1992: 122) indicando que "el espacio informal se expande y contrae bajo circunstancias diversas en función del tipo de encuentro, la relación de las personas intercomunicantes, sus personalidades y otros factores". Esta dinámica de expansión y contracción asociada a los mecanismos de control, invasión, defensa y violación espacial se constituye como práctica a observar en todos los talleres y en cada una de las etapas de trabajo. A partir de esta dinámica podremos complementar el trabajo de mapeo incluyendo la información en el texto que compone la obra cartográfica.

En los talleres de cartografía social inicialmente los cuerpos de los cartógrafos sociales se preparan en una situación de alerta, por lo general dispuestos de modo irregular en la sala o cerca de las paredes. Esta situación tiende a organizarse ante la disposición de los grupos que irán a trabajar en los mapeos.

En este momento es relevante el *efecto del entorno.* Para Knapp, la naturaleza de nuestras reacciones emocionales ante el entorno pueden explicarse en términos de la excitación que el medio produce en nosotros. La excitación se refiere al grado de actividad, estimulación o vivacidad; el bienestar remite a sentimientos de alegría, satisfacción o seguridad, mientras que la seguridad en sí misma sugiere que uno se sienta controlado, importante. En ese rumbo, el espacio social en el que se instale el trabajo en el taller reviste amplia importancia, dado que las percepciones y sensaciones de familiaridad, calidez y privacidad podrán propiciar un ambiente más propicio para el desarrollo de los mapeos, mientras que percepciones de formalidad o distancia generarán obstáculos a la libertad de producción.

Dado que se cartografía preferencialmente en el suelo, los integrantes trabajarán a la misma altura y en un espacio que "exponga" la totalidad del cuerpo ante el resto de los cartógrafos y viceversa. La escena de trabajo que generalmente se frecuenta en situaciones tradicionales, donde el torso y la cabeza están al descubierto y desde la cintura hacia los pies quedan ocultos en una situación estática, se ve modificada. Ahora el cuerpo está desplegado en el suelo, apoyado en múltiples sectores, y para realizar el dibujo cada integrante debe moverse o modificar la postura. Esta situación resulta "reticente" o graciosa en muchas oportunidades. Hay una resistencia a ubicarse en una "situación de juego" y "sin soporte material" como puede ser una silla, una mesa o un atril.

En algunas experiencias, los cartógrafos prefieren inicialmente no adoptar una posición corporal expuesta y quedarse en cuclillas o de pie (en alerta). Esta característica es notable en casi todos los talleres; particularmente los referentes con mayor exposición social mantienen el cuerpo en una posición diferente y resistente a la sugerencia de ubicarse "como los otros cuerpos". El suelo es horizontal, igualitario y expositivo; de ahí la importancia de intentar que se acepte grupalmente la ubicación en ese lugar y de relevar quiénes lo aceptan inicialmente y quiénes lo hacen en un momento posterior.

La comunicación entre los cuerpos y la palabra van profundizándose a medida que el cartografiado requiere de consenso y acuerdos. Los cuerpos hablan y las palabras dibujan, un nuevo texto se va componiendo entre las observaciones, las discusiones y el intercambio de información que construye el mapa.

Al respecto del cuerpo y la palabra, Alberto Sava (2009) nos dice:

> Nuestra formación como sujetos sociales está basada y desarrollada desde una estructura del lenguaje verbal; a la palabra la hemos desarrollado hasta el máximo de sus posibilidades y formas, aunque no la utilicemos en forma continua. Mientras tanto el cuerpo habla siempre, el cuerpo escucha, el cuerpo dialoga, el cuerpo siente, el cuerpo se mueve, el cuerpo piensa, el cuerpo produce, el cuerpo une y separa, el cuerpo revoluciona, el cuerpo es silencio y es sonido, el cuerpo comunica, el cuerpo vincula, el cuerpo acciona, el cuerpo transmite, el cuerpo es vida, el cuerpo es muerte... y hasta en ese momento el cuerpo habla.

El cuerpo es, sin duda, de observación y abordaje indispensable en cartografía social, no hay texto final sin cuerpo y no hay interpretación completa sin este. Al respecto Patricia Mercado (2002) dice:

> Lo social hace territorio en el cuerpo, en los cuerpos, y encuentra, no sin contradicción, el modo de conservar y reproducir su propia vitalidad. Trama de afectaciones donde la percepción hace lazo social, consensúa, crea contextos estables, imprime detenciones sobre el flujo de lo real [...] Yo soy cuerpo argumental donde las marcas de la existencia encuentran un origen que las reúna y las encastre en una sucesión jerárquica de funciones, cuerpo-máquina, que vuelva a imprimir, cada vez, los rostros del Poder. Registro sensible y acción motriz son los mecanismos con que se ponen a jugar socialmente los consensos perceptuales de una época, sus clausuras en el seno de las dinámicas institucionales.

El evento de producción de cartografía social implica además registros diversos que no solo se focalizarán en el mapeo y su grafía. Otros elementos conforman parte de la escena. Son registrados tanto por los propios cartógrafos sociales como por el grupo de coordinación. Así ocurre con la dinámica de grupo (en tanto relaciones de poder, permisos, ausencias, directivas y omisiones), las posturas corporales (en relación con los vínculos grupales, incomodidad, comodidades, expresividad no verbal) (Knapp, 1992).

Deriva de los mapas producidos

La producción de mapas genera un nuevo "orden" tanto de las formas en el propio mapa como de los cuerpos y las relaciones entre los cartógrafos sociales.

En esta situación de producción del dibujo es interesante observar cómo algunos cartógrafos asumen un papel de "dibujantes" "sentados en el suelo" tomando partido de esta escena, mientras que otros demorarán o permanecerán distantes o en otro rol (por ejemplo, dirigiendo los sentidos del mapeo). Tomar nota, tanto como grupo coordinador o como escriba, es de vital importancia para el análisis del texto final.

En cuanto a la cartografía dibujada, mientras el mapa sigue

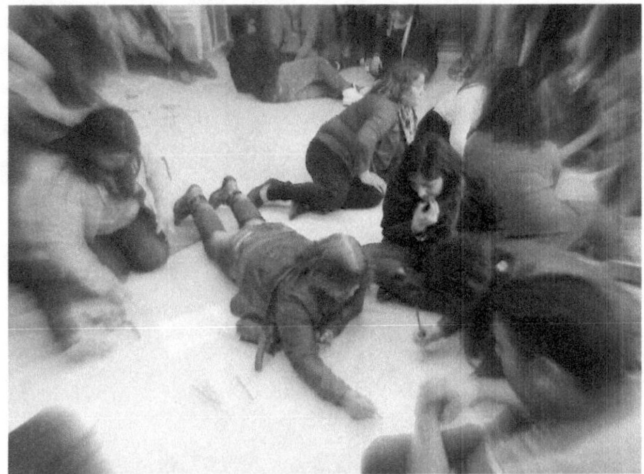

9. Cuerpos muy cómodos en el proceso productivo. Juan Manuel Diez Tetamanti, 2013.

10. Situación de negación a participar del proceso. Juan Manuel Diez Tetamanti, 2014.

11. Construcción del primer mapeo en "hoja aparte". Juan Manuel Diez Tetamanti, 2014.

en blanco, algunos cartógrafos comenzarán a "ordenar" también una estructura del mapa de modo abstracto. Los elementos son en esta instancia discutidos en su ubicación, relación y relevancia, a partir del derrotero. En algunas experiencias podremos notar que el mapa se inicia en una "hoja aparte" donde se debaten todos los conflictos. En estos casos, es recomendable solicitar que se conserve esa "hoja aparte", dado que constituye una clave de la génesis del "otro mapa" que obviamente será una depuración del original en "hoja aparte".

La realización del mapeo colectivo implica un proceso de intercambio de *información territorial*, el cual constituye uno de los elementos más ricos en cartografía social. Ese intercambio se realiza en función de a) la memoria territorial; b) el territorio experimentado, y c) el territorio argumentado.

La *memoria territorial*, el mapa, se comporta como objeto que dinamiza una imagen colectiva y consensuada de cada memoria individual puesta en escena ante una situación comunitaria. Además el mapa, a partir de esa dinamización de la memoria y del intercambio de información territorial, facilita una visualización de la dinámica del pasado, que habla de los cambios e interpela al presente con esos cambios acontecidos y puestos en escena.

En este sentido, nos interesa rescatar la idea de producción del recuerdo a partir de la interpretación de las ideas de Walter Benjamin que hace María Inés Grimoldi (2010: 3-4):

> La singularidad de la memoria se funda en la acción que despierta al sujeto y moviliza el pasado, en la creación de un nuevo enunciado. Esto, que Benjamin denomina un quiebre sobre la continuidad de la historia, es fundante de la acepción productiva del recuerdo en tanto este se establece sobre un acto novedoso de cognición sobre el presente.
>
> El pasado colectivo e individual tiene un peso relevante y puede ser soporte para pensar el porvenir. Por eso el recuerdo manifiesta una preocupación sobre el pasado pendiente, capaz de abrir una diferencia con el presente. Benjamin prolonga el ejercicio de la memoria en una acción de redención. Allí la rememoración pierde la dimensión contemplativa para afianzarse como reflexión.

Esta preocupación del pasado ejercida por el recuerdo impone relevancia práctica a la herramienta de cartografía social. Esta importancia práctica se materializa en la transformación de esta construcción teórica, en la ejecución de un acto productivo, ejercido por esa memoria, en el presente. En esta línea, Grimoldi afirma:

> El recuerdo busca prioriza el actuar del sujeto y a su vez supone la necesidad de otros para el ejercicio de la memoria. Búsqueda y reconocimiento son también reconstrucción que permite la elaboración crítica sobre lo acontecido y restituye al sujeto y a la comunidad su capacidad de confrontación, discusión y enunciación no solo del pasado sino también de los futuros posibles.
>
> En esta discusión permanente en el espacio social, donde lo individual persiste junto a lo colectivo, aparece el aspecto dialéctico del recuerdo para evitar la totalización del relato. En esa dialéctica, el recuerdo es una formación inestable

> entre los intersticios de lo privado y lo público que habilita
> el permanente conflicto y negociación de las identidades. (4)

El pasado, entonces, no se recrea en el mapa para dar aval o completar al presente, sino para reescribir sus expectativas de experiencia de futuro. Es así como se constituye una "memoria del futuro", donde el pasado se memoriza en cada sujeto, se lo pone en discusión colectivamente para cuestionar el presente conservador. Lo que acontece en el seno del ejercicio colectivo de producción del mapa es que el pasado aparece como una novedad, ya que se lo habilita colectivamente pero para cuestionar el presente. Esta novedad podrá ser colocada como posibilidad en la construcción de un nuevo futuro que irrumpa con la lógica del presente.

El territorio experimentado en el mapa general acontece en un intercambio de experiencias, sensaciones, juicios, ubicaciones y relaciones que son puestos en discusión grupal, lo que incorpora la visión de "los otros" a la construcción de un escenario mapeado. El territorio experimentado es la fuente del disenso y el consenso al mismo tiempo, y el denominado *levantamiento cartográfico* en cartografía social.

Tal como indica Eduardo Rocha (2014: 8):

> Cuando nos aproximamos, estamos cerca, tocamos en la experimentación-acción; no hay geometría euclidiana o sistema cartesiano capaz de definirlo; no hay cuadrados o círculos o líneas de gráficos. Tendríamos que definir relacionalmente, por un lado contando cómo interactúan con los otros, como utilizan las redes de relaciones políticas, para decir qué es lo que está aconteciendo allí.

El *territorio argumentado* implica que cada uno de los integrantes aplica una argumentación sobre el territorio a producir en el mapeo; ese argumento es puesto en debate grupalmente y sometido a validación. El razonamiento y el argumento individual se ponen en juego permanente con los de otros cartógrafos sociales y con el consenso grupal.

Cada taller de cartografía social realizado nos presenta nuevas formas de experimentar el espacio, recorrerlo y producirlo. Nos encontramos con otros territorios a partir del diálogo entre las "diferencias" en comunión productiva. Estas cuestiones, que siempre responden a lo subjetivo y lo cognitivo, el punto de vista de la cartografía dominante se encargó de expulsar (Segura, 2010).

Deriva de la presentación y discusión final

La presentación final de las cartografías y la dinámica inter-textual como instancia final del evento se transforma de mapeo en texto-presente, en tanto hay una presencia plena del sentido que el grupo otorga al mapeo a partir de la discusión para su producción y oralidad. Esta instancia de presentación de las cartografías es el momento cuando, a partir del intercambio y el diálogo tanto dentro del grupo como con los otros grupos que participaron del taller, cobra el sentido de *texto* completándose como producto.

En la presentación final es necesario propiciar una instancia de sistematización. Como grupo de coordinación, podemos acompañar las preguntas hacia los aspectos abordados en el derrotero. Así, se retoman los temas que se indican en el derrotero para comentar cómo se construyó el mapeo, qué discusiones y aprendizajes se dieron al respecto, qué elementos y funciones en el espacio se presentan como obstáculos o facilitadores, etc. En este aspecto tampoco hay una receta cerrada para trabajar.

En la discusión final, hay un cierre del círculo de traducción, que va nuevamente hacia el plano de la realidad experimentada. Esto quiere decir que el momento de traducción *objetivo* → *derrotero* → *mapeo* ahora vuelve a ser pensado en dirección a cómo se resolvió en el mapa (el proceso de producción) y cómo esa resolución podrá pasar a un plano de la experiencia cotidiana.

Para ser más claros con un ejemplo: si en un mapeo que tenía como *problemática* "la accesibilidad al transporte público en una localidad rural" y el *objetivo* era trabajar "problemas y posibles soluciones a la accesibilidad del transporte público en la comunidad X", y a partir del *mapeo* surgieron propuestas de intervención, como "la instalación de refugios de ómnibus en sectores donde no las había" y en el proceso de discusión se propuso un "abordaje comunitario para obtener materiales y mano de obra para la construcción de los refugios", pues entonces en la instancia de discusión final se indagará sobre lo siguiente:

1) cómo se construyó el mapa, cuáles eran las problemáticas;
2) por qué se seleccionó la cuestión de los refugios para intervenir;
3) cómo se implementará esta propuesta;
4) qué mecanismos sociales habrá que movilizar, y
5) cuáles serán los próximos pasos en el plano de la acción para conseguir fehacientemente comenzar a trabajar en el objetivo propuesto.

A partir de aquí se puede abrir un abanico inmenso de posibilidades de acción e intervenir. Se abren, además, una serie de nuevas posibilidades de trabajo en las propuestas emergentes, a partir de diferentes metodologías y prácticas que no necesariamente deben tener que estar relacionadas con cartografía social.

12. Presentación final de los mapeos producidos. Juan Manuel Diez Tetamanti, 2016.

Posibles continuidades de la acción

Sucede a veces que, trabajando con algunos grupos y a pesar de generar excelentes propuestas de continuidad en diversas acciones, intervenciones, investigaciones, etc., queda la idea de que el trabajo de mapeo no generó transformaciones. Esta idea es siempre falsa.

En primer lugar, tenemos que tener siempre presente que, mientras cartografiamos colectivamente, estamos intercambiando información y aprendiendo. En ese sentido, al hablar de nuestro territorio con otros, estamos casi sin darnos cuenta *transformándonos*. Transformamos así nuestra experiencia con el otro, nuestras ideas sobre tal o cual lugar, nuestras creencias sobre cómo sucedieron los cambios, etc. Es correcto pensar que, para lograr esto, los cartógrafos sociales deben asumir una actitud que permita dialogar y, al mismo tiempo, poner en duda lo que hasta ese momento se consideraba sabido.

Por otra parte, la transformación estará presente, como menciona Georg Simmel (2014), en la idea del devenir. Para Simmel, la experiencia como acción se presenta como un devenir, acción de cualquier sujeto para internarse en verdaderos procesos complejos, anónimos y comunitarios de transformación. Esto quiere decir que, a partir del proceso de transformación que estamos abordando en el mapeo, es posible pensar que "otras" transformaciones en otros planos podrán ser habilitadas. Esto es, ya no en el plano del mapeo, sino en lo concreto de la acción comunitaria, en el producto social que muta de modo permanente concreta y simbólicamente.

El pasaje de ese plano de la transformación que se da en el mapeo, a partir del debate y la reflexión, puede dirigirse enérgicamente a otra transformación, como la construcción de refugios, la reforma de una plaza o la organización de una movilización social de protesta, entre las infinitas posibilidades.

6. Algunas ideas para el derrotero

A continuación presentamos algunos tipos de derrotero, construidos a partir de diferentes problemas y objetivos, en los últimos años de trabajo.

Los derroteros aquí presentados no son definitivos, y puede tomarlo quien lo desee, tanto para aplicarlo como para transformarlo en uno nuevo y mejorado. Los tipos mencionados no son para nada excluyentes y la enunciación es solo a efectos de sugerencia. A medida que podamos ir abordando trabajos y estudios respecto de la metodología en cartografía social, podremos avanzar en un enriquecimiento de las tipologías de derrotero.

Tipo descriptivo

Los derroteros de carácter descriptivo son utilizados generalmente para trabajar con objetivos que apuntan a diagnosticar, describir, ubicar, hablar de una situación determinada. En primera instancia, podríamos decir que estos derroteros son los más sencillos de construir. A continuación presentamos un ejemplo.

Como se puede observar en el derrotero descriptivo (tabla 4), las consignas son claras y sencillas. El uso del lenguaje coloquial reduciendo las posibilidades de confusión de conceptos resulta clave al momento de interpretar y sistematizar el trabajo realizado en las cartografías.

En la etapa 1 se solicita que se realice un dibujo (en color negro) de la ciudad de Puerto Madryn, Chubut, con límites y zonificacio-

Tabla 4

Objetivo
Generar un diagnóstico colectivo sobre la ciudad de Puerto Madryn, con especial atención a los problemas sociales, de infraestructura y medioambientales.

Etapa	**Aspecto**
Etapa 1 (color negro)	Dibujamos Puerto Madryn, estableciendo límites internos y zonificaciones. Definimos en un cuadro dentro del mapa y en no más de dos renglones: a) Problemas sociales. b) Problemas de infraestructura. c) Problemas medioambientales.
Etapa 2 (color azul)	Identificamos problemas sociales, señalando conflictos, prácticas y relaciones que los distinguen.
Etapa 3 (color rojo)	Identificación de los problemas de infraestructura, señalando el tipo de problema, período, afectados y grado de afectación y organismo del cual depende su gestión.
Etapa 4 (color verde)	Identificación de problemáticas medioambientales, señalando afectados y grado de afectación, origen, período temporal, organismos que intervienen.
Etapa 5	Explicación oral del proceso.
Duración: 4 horas	

nes. Puede notarse que no se indica qué zonificaciones o límites. En este sentido, se apunta a dos procesos: que los cartógrafos sociales identifiquen el universo espacial de "Puerto Madryn" y que discutan sobre límites y zonas (a su criterio), lo cual hablará de "una manera de categorizar" y limitar ese universo espacial.

Posteriormente se solicita que se "defina" en un cuadro qué significa "problemas sociales, de infraestructura y medioambientales". Esta consigna tiene como finalidad que los propios cartógrafos sean quienes escriban la "definición" de la problemática que luego se solicita en las siguientes etapas. La definición resulta importante al momento de la discusión final o de sistematizar, ya que no para todos los cartógrafos las palabras "social", "infraestructura" o "medioambiental" implican lo mismo. Además, la solicitud de "definir" debe ser aplicada a una discusión sobre el tema en el grupo.

Las siguientes etapas, 2, 3 y 4, se dividen en diferentes colores cuyo objetivo es dibujar cada una de las problemáticas, diferenciándolas. El derrotero describe situaciones de problemas en una ciudad y apunta a que diferentes vecinos (cartógrafos sociales) residentes en diferentes lugares de la ciudad puedan compartir esta producción, al tiempo que comparten también problemáticas y dialogan sobre ellas con el propósito de generar un diagnóstico y unificar criterios.

Finalmente, como en todos los derroteros, se indica que hay un período de presentación final de los mapeos, donde cada grupo comenta su producción, proceso y aprendizaje, abriendo al debate general el objetivo inicial.[1]

Memoria y resignificación

Los derroteros que utilizan dinámicas temporales, como se han utilizado en Magali Chanampa *et al.* (2015), apuntan a experimentar una situación del pasado para ejecutar un cuestionamiento del presente. En este sentido, vamos a tomar un ejemplo que para mí fue paradigmático: *los partos en Aldea Belerio*, provincia de Chubut.

En Aldea Beleiro trabajamos con agentes de salud comunitaria y vecinos. En este sentido, se abordó una problemática descriptiva sobre la situación de la atención sanitaria en la localidad, pero también se trabajó sobre una de las prácticas, en el *pasado*.

El derrotero trabajado con la comunidad quedó diseñado así:

---

1. Puede verse un trabajo en profundidad con este tipo de derrotero en Diez Tetamanti y Rocha (2016).

Tabla 5

Etapa	Aspecto	Observación
Etapa 1 (color negro)	Dibujamos el mapa en relación con lo que necesitemos incorporar.	No hay límites para el dibujo.
Etapa 2 (con referencias)	*¿Dónde realizamos?* Control de rutina (sano) ● Atención especializada ◎ Emergencias ⊕ Tratamientos ☐ Medicamentos ✳	Usamos la referencia indicada para cada situación en cada lugar.
Etapa 3 (podemos dibujar líneas y referencias)	Cómo accedemos (atención a recorridos) desde el campo, en la localidad, desde otras localidades. Auto particular 🚗 Taxi o remise 🚕 Dedo (me llevan) 🚶 Colectivo 🚌 Caballo 🐎 A pie 🐾 Bicicleta 🚲 Ambulancia ✚ Otros	Marcado con referencia sobre las líneas que dibujamos. Podemos agregar el tiempo que demoramos, costos o todo aquello que nos parezca importante.
Etapa 4 (color rojo)	Obstáculos para acceder a la atención sanitaria (existencias/inexistencias): físicos (ríos, derrumbes, etc.), clima (temporal, nieve, etc.), infraestructura (rutas, hospitales, etc.), sociales (planes, etc.), económicos (subsidios, etc.), servicios (transporte, bonos, etc.), tiempo, otros.	Podemos crear todas las referencias necesarias, indicar tiempos, demoras, costos, situaciones, etcétera.

Etapa 5 (color verde)	Facilidades para acceder a la atención sanitaria (existencias/inexistencias), físicos (ríos, derrumbes, etc.), clima (temporal, nieve, etc.), infraestructura (rutas, hospitales, etc.), sociales (planes, etc.), económicos (subsidios, etc.), servicios (transporte, bonos, etc.), tiempo (agilidad, etc.), otros.	Podemos crear todas las referencias necesarias, indicar situaciones, facilidades, cosas que colaboran en el acceso a la salud.
Etapa 6 (color azul)	*El pasado* El grupo elige un elemento: práctica de atención en la salud y debate sobre cómo sucedía diez años antes. Luego, indica "recorridos", "obstáculos" y "facilidades"	Del mismo modo que en los aspectos anteriores usando solo el color azul.
Etapa 7	Presentación general de los mapas producidos	
Duración: 4 horas		

El derrotero presenta inicialmente aspectos similares a los de carácter "descriptivo". No obstante, puede notarse que en la etapa 1 no se solicita un mapeo específico, ya que la problemática en sí será la que determine los límites. Si en este caso hubiésemos indicado que se mapee la localidad de Aldea Beleiro, muchísima información y debate hubieran quedado fuera del texto producido. Este derrotero es interesante al momento de pensar bien, siempre, la etapa de "delimitación" ya que en oportunidades podemos quedar encapsulados en una noción delimitada de territorio que no nos explique una problemática. En este caso, concretamente la población acude al médico a varios kilómetros de la localidad. Por esto el límite está ejercido por la problemática y no por un territorio preasignado.

Posteriormente, en las etapas 2 a 5 se establecen criterios descriptivos de situaciones actuales, con la incorporación de referencias y símbolos que habían sido previamente consensuados con los referentes locales.

La etapa 6 incorpora la noción de memoria local sobre una "práctica". Lo que intenta el derrotero es traer a discusión una situación pasada, de modo que los propios cartógrafos sociales interpelen el presente a partir del proceso acontecido en el pasado. Esto se resumió en lo concreto, cuando los cartógrafos sociales eligieron la práctica de partos. Diez años antes, los partos en áreas rurales se realizaban tanto en los puestos sanitarios como en pequeñas "enfermerías" (salas de primeros auxilios) o en las propias casas. Actualmente, debido a una normativa vigente, solo pueden atenderse en hospitales de complejidad, para lo cual las madres de Aldea Beleiro u otras localidades rurales deben trasladarse cientos de kilómetros hasta los hospitales autorizados. El trabajo en grupo con participantes de diferentes edades propició un debate muy interesante sobre cómo eso sucedía en el pasado y por qué hoy ya no. Las madres más jóvenes se mostraron sorprendidas sobre este cambio, mientras que las de más edad se entusiasmaron relatando la situación. Este mecanismo despertó la intriga de las madres más jóvenes, pero también el descontento. Se planteó así la siguiente cuestión: "Si antes sucedían los partos aquí cerca de mi casa, ¿por qué ahora tenemos que parir a 350 kilómetros, con la consecuente incomodidad y riesgo en el tránsito por caminos en mal estado?".

Este cuestionamiento facilitó una nueva acción que excedió al propio taller. Las madres realizaron una petición pública y una colecta de firmas, con el propósito de reivindicar esa práctica que consideraron más cómoda y accesible. Como puede verse, el mecanismo resignificó, a partir de la discusión, una práctica del pasado ante la situación del presente. Esto a su vez se convirtió en una nueva acción con el propósito de modificar el escenario actual.

Hemos probado este tipo de derroteros con otras problemáticas y ha resultado muy exitoso. También hemos invertido la situación y trabajamos primero el pasado y luego el presente, pero los resultados no fueron los mismos. El éxito de la resignificación pareciera actuar a partir de dar profundidad a una descripción presente y, luego, apuntar al pasado. Esto ha evitado, en cierta medida, que se reproduzca una idealización del pasado antes de "hablar" sobre el presente.[2]

---

2. Puede consultarse más sobre este proceso en Juan M. Diez Tetamanti *et al.* (2014).

Derroteros prospectivos y deseo

Los derroteros de prospección y deseo se anclan en la propuesta de la "Metodología de la planificación participativa y gestión asociada" (Poggiese, 1993) y en la idea de *deseo* (en sentido deleuzeano) como motor de la acción. El mecanismo funciona así: en una primera instancia vamos a proponer la creación de un escenario futuro deseado, entendiendo este momento como una instancia superada. Es decir, este futuro, supuestamente, ya fue concretado. Posteriormente, vamos a dibujar el presente, con sus componentes y dinámicas, tal como sucede en el momento en el que acontece el dibujo. A partir de estas dos etapas vamos a solicitar a los grupos que elaboren un tercer escenario en el que se manifiesten las modificaciones que dieron lugar a la transformación que permitió que el escenario presente se transforme en el escenario futuro.

Uno de los derroteros en el marco de esta tipología podría ser como se ve en la tabla 6.

Como se puede observar, este derrotero implica una cierta complejidad en su construcción cartográfica.

En la primera etapa se solicita un cartografía del lugar que iremos a trabajar. Esta etapa, como en los otros derroteros, nos aportará datos sobre las delimitaciones y cosmovisiones del lugar, por parte de los grupos, y proporcionará discusiones iniciales respecto de estos temas.

En la segunda etapa se solicita un dibujo del futuro deseado. En este momento se ejecuta una instancia de libertad productiva y creativa. Sobre un [lugar-tema] en particular, como podría ser "la atención primaria de salud" o cualquier otra temática, el dibujo versará sobre un futuro con dinámicas, relaciones y objetos deseados. Podríamos decir que es esta la etapa del escenario ideal.

En la tercera etapa se plantea que se dibuje el escenario actual. El presente implica reconocer las situaciones en cuanto a objetos, disposiciones, conflictos, relaciones, etc., que se diferencian del escenario de la etapa anterior.

Posteriormente, en la última etapa de dibujo, se aplica un esfuerzo por reconocer en la producción cartográfica qué se está obrando, cuáles son o fueron las modificaciones necesarias para pasar del presente al futuro. Esta etapa es fundamental en fun-

Tabla 6

Etapa	Aspecto
Etapa 1	Dibujamos el [lugar]
Etapa 2 (color azul)	*Futuro* Vamos dibujar el [lugar-tema] que deseamos. Para esto vamos incorporar los objetos (nuevos y viejos); los conflictos, las prácticas y las relaciones que esos objetos tienen con la sociedad. Tenemos que considerar que esta etapa 2 ya fue alcanzada.
Etapa 3 (color rojo)	*Presente* Vamos a dibujar cómo era ese [lugar-tema] antes de alcanzar lo que dibujamos en la etapa 1 (o sea, cómo es ahora, en el presente). Incorporamos objetos existentes, conflictos actuales, prácticas sociales actuales y relaciones sociales.
Etapa 4 (color verde)	Vamos dibujar (en el mismo mapa y en la misma hoja) las relaciones de objetos que tuvieron que suceder para transformar la etapa 3 en la 2. Vamos incorporar los conflictos que surgieron o debieron tratarse, las relaciones que fue preciso construir o romper para llegar a la etapa 2. La etapa 4 es la explicación de cómo pasamos de la 3 a la 2.
Etapa 5	Explicación oral del proceso.

ción de que se crea una tensión entre el deseo y el presente. En medio de este proceso se configura una transformación compleja. La transformación no solo es sobre los objetos o la ubicación de las cosas. Las modificaciones son siempre sociales e implican otros abordajes. En ese sentido, por ejemplo, si en el futuro deseado hay centros de atención sanitaria ubicados en los barrios periféricos de la ciudad que prestan atención a los habitantes de esas zonas y en el escenario presente solo contamos con dos centros de salud en el área centro, entonces los cartógrafos sociales se verán en la situación de pensar ese deseo en un contexto de transformación actual.

Para la transformación no alcanza con dibujar la existencia de centros de salud en la periferia. Otras cuestiones normativas, esfuerzos compartidos, estudios de situación deberán ir entrelazados en la trama de la nueva propuesta. Es así como el derrotero plantea colocar al futuro como la seña que articula la transformación del presente. Pero va más allá y pregunta *qué fue necesario hacer para lograr el futuro.*

Relación cartesiana (en hoja)

El derrotero de relación cartesiana es, más bien, la vinculación de la proyección de la cartografía tradicional con la metodología de cartografía social. Esta idea surgió en uno de los cursos de posgrado sobre cartografía social que dicté en la Universidad Nacional de Costa Rica (Heredia). En esa universidad, los colegas han avanzado mucho en esta materia. Particularmente trabajan sobre temáticas que se relacionan con el *turismo* (creación de guías locales, recorridos, sitios de interés, etc.) y el *riesgo* (vías de escape a tsunamis, erupciones volcánicas, situaciones de fallas geológicas en áreas urbanas y rurales, etc.). En este sentido, el trabajo relacionado a los estudios o determinación de distintos tipos de riesgo se articula en Costa Rica con otras organizaciones sociales y gubernamentales, más allá de la universidad. Cuento esto porque, en el contexto del curso, uno de los geógrafos cursantes, Braulio Segura –a quien corresponde el crédito de esta idea–, planteó la posibilidad de articular una proyección cartesiana con la cartografía social.

Esta articulación también podría trabajarse utilizando un mapa base preimpreso, en lugar de la hoja en blanco. No obstante, el ejercicio social y su riqueza productiva se verían seriamente afectados, tal como hemos comprobado en algunos talleres. Es decir, la utilización de un plano o mapa base cercena las principales fortalezas de la cartografía social: diálogo, debate, creación, producción. En este sentido, la idea postulada por Segura plantea sencillamente propiciar el trabajo sobre una hoja en blanco pero con la incorporación de puntos georreferenciados, tal como se ve en la imagen 11.

A partir de la incorporación de los puntos y el trabajo con un derrotero (que podría ser de tipo descriptivo o cualquier otro, dependiendo del tema), los cartógrafos sociales producirán con un mínimo condicionante estructurado. Este condicionante incorpora-

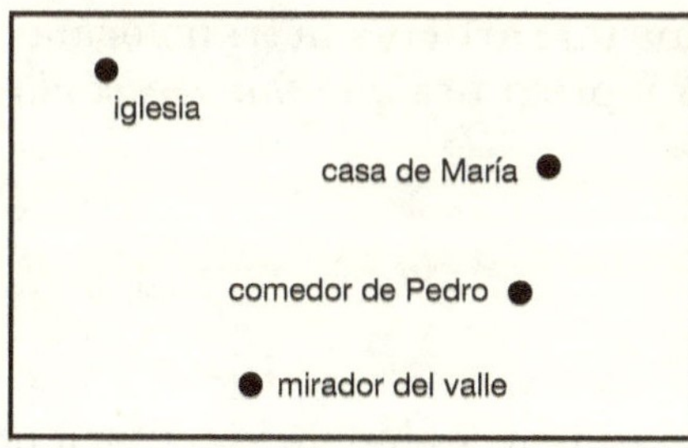

11. Ejemplo de hoja con puntos incorporados. Juan Manuel Diez Tetamanti, 2017.

do en los puntos permitirá luego, en una etapa de procesamiento, la posibilidad de establecer límites más precisos cuando el tema así lo requiera, como en el ejemplo que muestra la tabla 7.

Tabla 7

Etapa 1 (color negro)	Vamos a dibujar la localidad de …	Los puntos en la hoja, son una referencia, así como cualquier otra que nos interese agregar.
Etapa 2 (color azul)	Dibujamos los límites y efectos de la última inundación.	
Etapa 3 (color verde)	Dibujamos los límites y efectos en las inundaciones de hace más de diez años.	
Etapa 4 (grupal general)	Presentación de los mapeos.	

Este derrotero, trabajado con el ejemplo de hoja con puntos de la imagen 11, quedaría producido del modo que describo a continuación. Como puede verse en la imagen 12, se trata de un mecanismo sencillo que nos permitirá trabajar luego en una sistematización, a la que podrá articularse fácilmente el uso de un sistema de información geográfica o cualquier cartografía tradicional. La riqueza de este tipo de mapeo consiste también en la posibilidad de incorporar en el mapeo otro tipo de cuestiones en textura social.

Por ejemplo, podríamos haber agregado en el derrotero etapas en las que se solicite "cuáles fueron las estrategias comunitarias de ayuda durante la última inundación" o "qué mecanismos de prevención imaginamos en el territorio para una futura inundación"; ello nos estaría permitiendo abordar también otras cuestiones más complejas y el mapeo tendría a su vez propósitos de investigación tanto físico-instrumentales (estableciendo límites de la inundación, etc.) como sociales (analizando las estrategias o propuestas locales de prevención).

12. Mapeo generado a partir de hoja de puntos para el análisis de inundaciones. Juan Manuel Diez Tetamanti, 2017.

7. Hacia una transformación comunitaria de nuestro territorio

Varias veces intenté comenzar este libro. Muchas veces me detuve, al mismo tiempo que iba experimentado diferentes talleres. Así pasaron decenas de experiencias en diferentes pueblos, barrios y países. Cada una de ellas fue un aprendizaje y una nueva modificación en la metodología, un reto a revisar bibliografía, a descubrir en los demás otras maneras de hacer cartografía. El libro es en sí un elemento que espero mute en el tiempo y sea transformado en nuevas y superadoras maneras de trabajar cartografía social.

Estas (hoy) nuevas maneras de trabajar cartografía social se irán modificando, a partir de que quienes adopten este método como propio lo resignifiquen y cambien. Mi deseo final es que esa transformación sea comunitaria y con participación de quienes a veces están más relegados en las posibilidades de transformar el lugar donde viven. Por eso, tanto esta como otras metodologías que enaltezcan la participación comunitaria podrán colaborar con los procesos que favorezcan más participación y empoderamiento de la población, en función del lugar que habitan día a día.

En un mundo donde las corporaciones privadas comandan inmensas extensiones de territorio, donde la exclusión y expulsión de grandes sectores sociales genera miseria, enfermedades y muerte, se hace necesario que divulguemos y fomentemos cada vez más que la transformación del territorio, así como las posibilidades de los sujetos que allí viven, puede ser perfectamente comandada por comunidades organizadas.

Así es como en el canto y en el martillo de mujeres y hombres libres, revolucionarios y transformadores queda la posibilidad de ir consciente y persistentemente hacia la reforma comunitaria de lo que es nuestro territorio, el de todos los días, el suelo que pisamos y padecemos, que nos pertenece.

En esta línea, estoy totalmente seguro de que la cartografía social es también parte de esa liberación. El diálogo sobre lo que nos pertenece, la discusión sobre lo que deseamos recuperar, la producción de los espacios sociales de los sectores más relegados es el camino que no deberemos abandonar jamás en el tránsito hacia esas infinitas utopías.

Bibliografía

AGAMBEN, Giorgio (2011), "¿Qué es un dispositivo?", *Sociológica*, 26 (73): 249-264.

— (2014), *Nudez*, San Pablo, Autêntica.

BASSNETT, Susan (1991), *Translation Studies*, Londres-Nueva York, Routledge.

BUZAI, Gustavo (2011), "Sistemas de información geográfica y la creación de realidades", disponible en *http://www.gesig-proeg.com.ar*.

CALMELS, Daniel (1997), *Espacio habitado*, Buenos Aires, Novedades Educativas.

CARBALLEDA, Alfredo (2014a), "Las cartografías sociales y el territorio de intervención", disponible en *www.margen.org*.

— (2014b), *Intervención, escenarios y acontecimiento*, Buenos Aires, Margen.

— (2014c), "Cartografías e intervención en lo social", en Juan M. Diez Tetamanti, Beatriz Escudero, Magalí Chanampa y Alberto Vázquez, *Hacia una geografía comunitaria*, Comodoro Rivadavia, Edupa.

CARERI, Francesco (2014), "Walkscapes ten years after", *Revista de Estudios Urbanos y Ciencias Sociales*, 4 (1): 207-213, disponible en *http://www2.ual.es/urbs/index.php/urbs/article/view/careri*.

CHANAMPA, Magali, Juan M. DIEZ TETAMANTI, Yamila DUARTE, Pamela GÓMEZ, María de los Ángeles JAIMES y Nadia MARTÍNEZ (2015), "Accesibilidad a la salud y estrategias de movilidad. Caso Aldea Beleiro", *Revista de Informes Científicos y Técnicos*, 7 (1): 54-77.

COLOMBIA, Enda y Catalina GARCÍA BARÓN (2002), "Barrios del mundo: historias urbanas. La cartografía social... pistas para seguir", disponible en *http://www.insumisos.com/lecturasinsumisas/Historia%20 urbana%20de%20los%20barrios.pdf*.

DE NARVÁEZ CANO, Patricia (2013), "Derrida y algunas implicaciones ético-políticas de la deconstrucción de la presencia", documento Ceso 204, Bogotá, Universidad de los Andes.

DELEUZE, Gilles y Felix GUATTARI (1995), *Mil platôs. Capitalismo e esquizofrenia*, vol. 1, San Pablo, Editora 34.

– (1998), *El anti–Edipo. Capitalismo y esquizofrenia*, Barcelona, Paidós.

DIEZ TETAMANTI, Juan M., Beatriz ESCUDERO, Magalí CHANAMPA y Alberto VÁZQUEZ (2014), *Hacia una geografía comunitaria*, Comodoro Rivadavia, Edupa.

DIEZ TETAMANTI, Juan M. y Eduardo ROCHA (2016), "Cartografía social aplicada a la intervención social en barrio Dunas, Pelotas, Brasil", *Revista Geográfica de América Central*, Nº 57, julio-diciembre: 97-128.

ECO, Umberto (2008), *Decir casi lo mismo. Experiencias de traducción*, Barcelona. Lumen.

EDUARDO, Alberto L. (2009), "El giro hermenéutico de la fenomenológica en Martin Heidegger", *Polis*, Nº 22, disponible en *http://polis.revues. org/2690*.

FOUCAULT, Michel (1979), *Microfísica del poder*, Madrid, La Piqueta.

– (1992), *El orden del discurso*, Buenos Aires, Tusquets.

GRIMOLDI, María I. (2010), "Memoria y recuerdo en la obra de Walter Benjamin. Resignificar el pasado, mirar el presente, conquistar el futuro", en *Recordando a Walter Benjamin. Justicia, historia y verdad. Escrituras de la memoria. III seminario internacional de políticas de la memoria*, Buenos Aires, Centro Cultural Haroldo Conti.

HARLEY, John B. (2005), *La nueva naturaleza de los mapas: ensayos sobre la historia de la cartografía*, Madrid, FCE.

HJELMSLEV, Louis (1984), *Prolegómenos a una teoría del lenguaje*, Madrid, Gredos.

KASTRUP, Virgínia y Eduardo PASSOS (2014). "Cartografar é trazar um plano comum", en Eduardo Passos, Virgínia Kastrup y Silvia Tedesco, *Pistas do método da cartografia*, vol. 2: *A experiência da pesquisa e o plano comum*, Porto Alegre, Sulina.

KNAPP, Mark (1992), *La comunicación no verbal, el cuerpo y el entorno*, Barcelona, Paidós.

KONISHI, Kioko y Verónique BOHBOT (2013), "Spatial navigational strategies correlate with gray matter in the hippocampus of healthy older adults tested in a virtual maze", *Frontiers in Aging Neuroscience*, 5, disponible en *https://www.frontiersin.org/article/10.3389/fnagi.2013.00001*; DOI=*10.3389/fnagi.2013.00001*.

LEÓN, Eduardo. (2009) "El giro hermenéutico de la fenomenología en Martin Heidegger", *Polis*, 8 (22): 267-283.

LYNCH, Kevin (1986), *La imagen de la ciudad*, Buenos Aires, Infinito.

MERCADO, Patricia (2002). "Cuerpo y acontecimiento", *Topía*, Nº 34, disponible en *https://www.topia.com.ar/articulos/cuerpo-y-acontecimien-to-0*.

MONTOYA ARANGO, Vladimir (2007), "El mapa de lo invisible. Silencios y gramática del poder en la cartografía", *Universitas Humanística*, Nº 63: 155-179.

PASSOS, Eduardo, Virgínia KASTRUP y Liliana DA ESCÓSSIA (2009), *Pistas do método da cartografia. Pesquisa–intervenç*ão e produção de subjetividade, Porto Alegre, Sulina.

POGGIESE, Héctor (1993), *Metodología Flacso de planificación-gestión*, Buenos Aires, Flacso.

ROCHA, Eduardo (2014), Prólogo, en Juan M. Diez Tetamanti, Beatriz Escudero, Magali Chanampa y Alberto Vázquez, *Hacia una geografía comunitaria*, Comodoro Rivadavia, Edupa.

SAVA, Alberto (2009), "El cuerpo, en el teatro participativo y en el arte como transformador subjetivo, institucional y social", *Topía*, Nº 57, disponible en *https://www.topia.com.ar/articulos/cuerpo-teatro-participativo-y-arte-como-transformador-subjetivo-institucional-y-social*.

SEGURA, Ramiro (2010), "Cartografías discrepantes. Análisis de las representaciones socioespaciales de la ciudad", *Periferia*, vol. 2, Nº 1: 1-22.

SIMMEL, Georg (2014), *Intuición de vida*, Buenos Aires, Prometeo.

VOKOVIC, Jovanka (2012), "Cómo definimos el proceso de traducción", en Beatriz Cagnolati (comp.), *La traductología: miradas para comprender su complejidad*, Universidad Nacional de La Plata.

WOOLLETT, Katherine y Eleanor MAGUIRE (2011), "Acquiring «the Knowledge» of layout drives structural brain changes", *Current Biology*, 21 (24): 2109-2114.